中国国家博物馆 编著

黄 黎 邵凡晶 撰

五星红旗是如何诞生的？

广西人民出版社

图书在版编目（CIP）数据

五星红旗是如何诞生的？ / 中国国家博物馆编著；黄黎，
邵凡晶撰 . -- 南宁：广西人民出版社，2024.10（2025.5 重印）.
ISBN 978-7-219-11790-3

Ⅰ . D621.6

中国国家版本馆 CIP 数据核字第 2024DJ2954 号

WUXING-HONGQI SHI RUHE DANSHENG DE?

五星红旗是如何诞生的？

中国国家博物馆　编著
黄　黎　邵凡晶　撰

策　　　划　赵彦红
执行策划　李亚伟
责任编辑　廖　献
项目助理　陆姿烨
责任校对　徐蓉晖
封面设计　王程媛
版式设计　刘　凛

出版发行　广西人民出版社
社　　址　广西南宁市桂春路 6 号
邮　　编　530021
印　　刷　广西民族印刷包装集团有限公司
开　　本　787mm×1092mm　1 / 16
印　　张　11.75
字　　数　126 千字
版　　次　2024 年 10 月　第 1 版
印　　次　2025 年 5 月　第 3 次印刷
书　　号　ISBN 978-7-219-11790-3
定　　价　58.00 元

ISBN 978-7-219-11790-3

9 787219 117903 >

序

中国国家博物馆馆长　高　政

　　《五星红旗是如何诞生的？》是中国国家博物馆依托馆藏红色资源，以五星红旗为主题编撰的一本通识读物。

　　全书在客观阐释馆藏文物价值的基础上，充分吸收最新研究成果和既有研究结论，准确又鲜活地书写出文物背后的历史记忆和文化密码，兼具学术性与可读性。从新中国成立前关于国旗方案的征集、论证、诞生过程，到国旗设计者——一个普通公民曾联松的拳拳爱国之心；从开国大典升旗时刻扣人心弦、惊心动魄的过程，到第一面五星红旗在全体中国人心中产生的巨大激动；从五星红旗第一次在联合国升起，到海岛民兵王继才夫妇驻守孤岛32年的两人升旗仪式；从五星红旗第一次插上珠穆朗玛峰，再到奥运赛场冉冉升起的那一抹抹鲜艳的中国红……一个个围绕国旗发生的故事，生动讲述着中华人民共和国从诞生、发展走向繁荣富强的辉煌历程。

"风展红旗如画"，衷心希望能以此书为契机，面向社会公众讲好国旗的故事，让更多人了解国旗的历史和精神内涵，在全社会形成尊重国旗、爱护国旗的浓厚氛围，激发中国人民最凝重、最深沉的爱国主义情感。

目　录

第一章 拉开筹建新政权的序幕

中國人民解放軍的八項政策

摧毁旧政权的目的，在于建立新政权。

在领导波澜壮阔的人民解放战争的同时，中共中央把握时局的发展变化，积极地进行着建立新中国的组织准备。然而，新政权应该怎么组建？要通过什么样的途径？中国大地上的各种政治力量，都在静静地观望着。

重庆谈判

经过艰苦卓绝的全民族抗战，中国人民经受了极大的锻炼，觉悟程度和组织程度空前提高，全国各阶层人民强烈要求实现和平、民主、团结、自由、富强的共同意志，汇成了推动中国社会进步的潮流。

1945 年 8 月，日本即将无条件投降的消息传到重庆。国民党在积极调遣军队准备内战的同时，又表现出愿与中国共产党就解决战后中国政治前途问题进行和平谈判的姿态，以争取政治上的主动权。8 月 14 日、20 日、23 日，蒋介石接连发出 3 封电报，邀请毛泽东到重庆"共定大计"。他的如意算盘是：如果谈判不成，即放手发动内战，并把战争责任强加给共产党。

基于对和平的真诚愿望和对局势的清醒认识，中共中央认为同国民党进行和平谈判是必要的，即使是暂时的和平局面，也应该积极争取。中共七大强调，废止国民党一党专政，建立民主联合政府。大会提出了结束国民党一党专政的两个步骤：第一个步骤，目前时期，经过各党各派和无党无派代表人物的协议，成立临时的联合政府；第二个步骤，将来时期，经过自由的无拘束的选举，召开国民大会，成立正式的联合政府①。

为了实现国内和平、民主、团结，毛泽东毅然决定接受蒋介石的邀请，深入虎穴！8月24日，毛泽东回复蒋介石："鄙人极愿与先生会见，商讨和平建国大计。俟飞机到，恩来同志立即赴渝晋谒。弟亦准备随即赴渝。"

8月26日，毛泽东在中共中央政治局会议上谈到去重庆谈判的问题时，他认为"去。这样，我们可以取得全部主动权。去重庆，要充分估计到蒋介石逼我作城下之盟的可能性，但签字之手在我"，"由于有我们的力量、全国的人心、蒋介石自己的困难和外国的干预四个条件，这次去重庆是可以解决一些问题的"。同时也做了最坏的打算，如果作出最大让步还不行，"准备坐班房"，"如果是软禁，那也不用怕，我正是要在那里办点事"。

---

① 毛泽东:《毛泽东选集》第三卷，人民出版社，1991，第1068-1069页。

根据当时任中共中央书记处办公室主任、毛泽东俄语翻译的师哲回忆，在毛泽东决定前往重庆之后，中央决定由刘少奇同志代理中央主席，为了确保在危急关头延安还能组成五大书记的常规阵容，还增选了两位中央书记处候补书记：陈云、彭真。临行前，毛泽东放下手头上的工作，和刘少奇同志关起门谈了一天一夜，尽最大的努力，做最坏的打算。

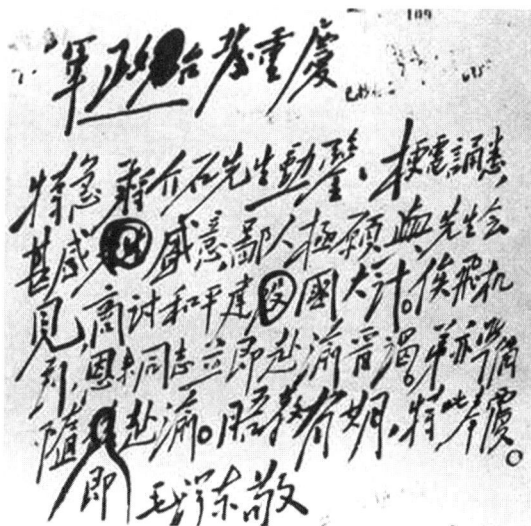

毛泽东为重庆谈判给蒋介石的复电

8月28日，毛泽东一行从延安飞抵重庆，在机场对中外记者发表书面谈话。毛泽东指出："本人此次来渝，系应国民政府主席蒋介石先生之邀请，商讨团结建国大计。现在抗日战争已经胜利结束，中国即将进入和平建设时期，当前时机极为重要。目前最迫切者，为保证国内和平，实施民主政治，巩固国内团结。国内政治上军事上所存在的各项迫切问题，应在和平、民主、团结的基础上加以合理解决，以期实现全国之统一，建设独立、自由与富强的新中国。希望中国一切抗日政党及爱国志士团结起来，为实现上述任务而共同奋斗。本人对于蒋介石先生之邀请，表示谢意。"

重庆谈判期间，毛泽东原想住在八路军驻重庆办事处红岩村。但红岩村位于重庆城郊嘉陵江畔的山坡上，比较偏僻，上下山的石阶很多，来访不方便。周恩来在曾家岩50号的住处，虽然地点较好，但地方狭小。为毛泽东的安全考虑，周恩来认为张治中的官邸上清寺桂园的位置极佳，距离八路军驻重庆办事处和周公馆都很近，交通很方便。因此，在重庆期间，毛泽东白天大都在桂园办公、会客，夜宿八路军驻重庆办事处大楼。因为重庆散兵游勇多，一般警察管不了，所以在周恩来的建议下，国民党宪兵司令部派武装宪

桂园客厅

兵驻桂园及八路军驻重庆办事处，负责警卫。

重庆谈判期间，国民党企图以"统一政令军令"的名义取消解放区和人民军队。为争取和平民主，揭穿所谓"共产党不要和平、不要团结"的谣言，中共中央在谈判中对解放区管辖权限和人民军队缩编等问题作出必要的让步。然而，在谈判刚刚开始不久，蒋介石于1933年"围剿"红军时编订的所谓《剿匪手本》就被秘密下发到国民党各部队。9月17日，蒋介石写信给阎锡山并附上所谓《剿匪手本》两册，当时阎锡山的部队正在进犯以长治为中心的晋东南解放区。

　　考虑到在重庆谈判期间毛泽东的人身安全，中共中央的同志们建议等他离开重庆后，再进行上党战役。毛泽东却说："你们回到前方去，放手打就是了，不要担心我在重庆的安全问题，你们打得越好，我越安全，谈得越好。别的法子是没有的。"

　　谈判桌上的针锋相对，终究还是要战场上的结果来配合。9月，刘伯承、邓小平指挥晋冀鲁豫军区部队发起上党战役，最终歼灭了来犯的阎锡山部3.5万余人，遏制了国民党军队对解放区的进攻，为中共在重庆谈判桌上增添了筹码。

参加上党战役的人民解放军某部

在全国人民迫切期盼和平、民主的形势下，国共双方于1945年10月10日在重庆正式签署《政府与中共代表会谈纪要》，即《双十协定》。对于谈判的意义，毛泽东在一周后召开的延安干部会上指出："这一次我们去得好，击破了国民党说共产党不要和平、不要团结的谣言……谈判的结果，国民党承认了和平团结的方针。这样很好。国民党再发动内战，他们就在全国和全世界面前输了理，我们就更有理由采取自卫战争，粉碎他们的进攻。"

毛泽东还对中国革命的前途做了这样的预言："前途是光明的，道路是曲折的。我们面前困难还多，不可忽视。我们和全体人民团结起来，共同努力，一定能够排除万难，达到胜利的目的。"[1]

---

① 毛泽东：《毛泽东选集》第四卷，人民出版社，1991，第1163页。

《双十宣言》

《双十协定》刚签订不久，蒋介石就发布进攻解放区的密令。1946年6月26日，国民党军队在完成内战准备后，以22万人悍然进攻鄂豫边境的中原解放区。其后，国民党军向其他解放区展开大规模进攻。全面内战由此爆发。面对敌强我弱的严峻形势，毛泽东在同美国记者安娜·路易斯·斯特朗的谈话中，满怀信心地提出"一切反动派都是纸老虎"的著名论断。他十分坚定地说："反动派总有一天要失败，我们总有一天要胜利。这原因不是别的，就在于反动派代表反动，而我们代表进步。"①

为粉碎国民党的军事进攻，中共中央制定了各项方针政策。在政治上，坚持党的领导，放手发动群众，团结一切可能团结的力量，建立最广泛的人民民主统一战线。在军事上，实行"集中优势兵力、各个歼灭敌人"的作战原则和积极防御的方针，以歼灭敌人有生力量为主要目标，而不以保守或夺取城市和地方为主要目标。

经过一年作战，战争形势发生重大变化，人民解放军转入战略进攻。

为动员全党、全军和全国人民加倍努力夺取解放战争的全面胜利，1947年10月10日，人民解放军总部发表《中国人民解放军宣

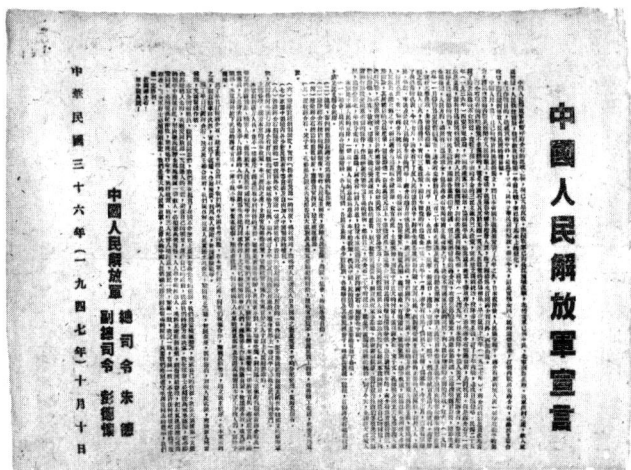

《中国人民解放军宣言》

---

① 毛泽东：《毛泽东选集》第四卷，人民出版社，1991，第1195页。

言》，简称《双十宣言》。《双十宣言》分析了当时国内的军事、政治形势，阐释了人民解放军作战是"为了中国人民和中华民族的解放"，第一次以宣言的形式郑重地向中外宣布"打倒蒋介石，解放全中国"的口号。

宣言开头就说："中国人民解放军，在粉碎蒋介石的进攻之后，现已大举反攻。南线我军已向长江流域进击，北线我军已向中长、北宁两路进击。我军所到之处，敌人望风披靡，人民欢声雷动。整个敌我形势，和一年前比较，已经起了基本上的变化。"

宣言在列举了蒋介石发动内战、镇压人民、横征暴敛、卖国独裁反人民的罪行后指出：从1946年1月"停战协定宣布到现在，蒋介石先后动员了二百二十多个正规旅和近百万的杂色部队，向中国人民从日本帝国主义手里用血战夺取过来的解放区，实行大举进攻"。"蒋军所到之处，杀人放火，奸淫掳掠，实行三光政策，同日本强盗的行为完全一样。""在一切蒋介石统治区域，贪污遍地，特务横行，捐税繁重，物价高涨，经济破产，百业萧条，征兵征粮，怨声载道，这样就使全国绝大多数人民，处于水深火热之中。"因此，宣言响亮地提出了"打倒蒋介石，解放全中国"的口号。

《双十宣言》还宣布了人民解放军的八项政策：

（1）联合工农兵学商各被压迫阶级、各人民团体、各民主党派、各少数民族、各地华侨及其他爱国份子，组成民族统一战线，打倒蒋介石独裁政府，成立民主联合政府。

（2）逮捕、审判与惩办以蒋介石为首的内战罪犯。

（3）废除蒋介石统治的独裁制度，实行人民民主制度，保证人民言论、出版、集会、结社等项自由。

（4）废除蒋介石统治的腐败制度，肃清贪官污吏，建立廉洁政治。

《中国人民解放军的八项政策》

（5）没收蒋介石、宋子文、孔祥熙及陈立夫兄弟等四大家族及其他首要战犯的财产，没收官僚资本，发展民族工商业，保障职工生活，救济灾民贫民。

（6）废除封建剥削制度，实行"耕者有其田"的制度，乡村田地，由乡村人民按照人口及田地之数量质量，平均分配使用，并归其所有。

（7）承认中国境内各少数民族有平等自治及自由加入中国联邦的权利。

（8）否认蒋介石独裁政府的一切卖国外交，废除一切卖国条约，否认内战期间蒋介石所借的一切外债，要求美国政府撤退其威

胁中国独立的驻华军队，反对任何外国帮助蒋介
石打内战和使日本侵略势力复兴；和外国订立平
等互惠通商友好条约，联合世界上一切以平等待
我之民族共同奋斗。

　　宣言号召人民解放军："坚决彻底干净全部地
歼灭一切敌人。"宣言最后喊出了"新中国万岁!"
的口号。
　　在《双十宣言》公布的同一天，人民解放军
总部在颁布的《中国人民解放军训令》中指出：
"现在，我们发布中国人民解放军口号六十七条。

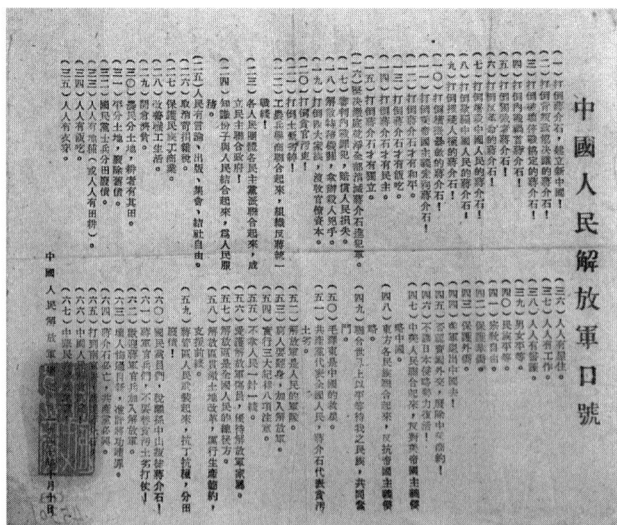

《中国人民解放军口号》

你们接到后，应即发给全军指挥员、战斗员，逐条讲解牢记，认真实行。"

"打倒蒋介石，建立新中国"作为第一条口号，从北到南，越喊越响亮，一路喊过长江、喊到南京。这简洁有力、气势恢宏的口号，配合人民解放军的所向披靡、战无不胜，一路凯歌。这句口号成了人民解放军的精神旗帜，成了蒋家王朝的丧钟挽歌，真正声震全国、声震全世界。

历史充满了巧合，同样是在1947年10月10日这一天，毛泽东起草了《中国人民解放军总部关于重行颁布三大纪律八项注意的训令》，把革命军人如何对待人民群众，用最具体、最简要的语言固定下来。训令言简意赅，包含了丰富而深刻的思想内容，体现了全心全意为人民服务的宗旨和军民一致的原则，表明人民解放军是一支无产阶级的新型人民军队。

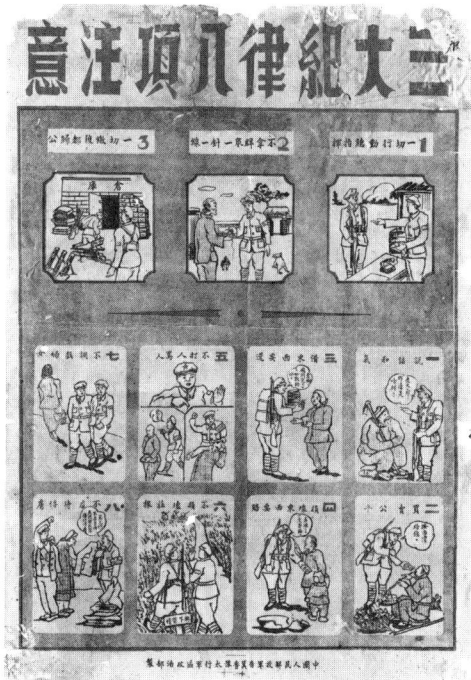

《三大纪律八项注意》宣传画

为了制定新的行动纲领，夺取人民解放战争的胜利，1947年12月25日至28日，中共中央在陕北米脂县杨家沟召开扩大会议，即十二月会议。12月25日，毛泽东作《目前形势和我们的任务》的报告。报告主要解决两个问题：一是敢不敢胜利的问题，二是如何使党的各项政策和策略全面走上正轨。

在报告中，毛泽东对即将到来的1948年做了这样的判断："中国人民的革命战争，现在已经达到了一个转折点。""这是一个历史的转折点。这是蒋介石的二十年反革命统治由发展到消灭的转折点。这是一百多年以来帝国主义在中国的统治由发展到消灭的转折点。这是一个伟大的事变。这个事变所以带着伟大性，是因为这个事变发生在一个拥有四亿七千五百万人口的国家内，这个事变一经发生，它就将必然地走向全国的胜利。"

"五一"口号

随着解放战争进程的不断加快，国民党反动统治即将崩溃。1948年的"五一"国际劳动节前夕，对外公布中国共产党人的政治主张、提出新中国政权蓝图的时机成熟了。4月30日，中共中央书记处扩大会议（即城南庄会议）在晋冀察军区所在地——河北省阜平县城南庄召开，会议的主要议题之一就是讨论通过经毛泽东修改后的《中共中央纪念"五一"劳动节口号》，即"五一"口号。

毛泽东对"五一"口号进行了逐字逐句的修改，总计有27处。这些修改既有内容的增减，也有提法、字句乃至标点符号

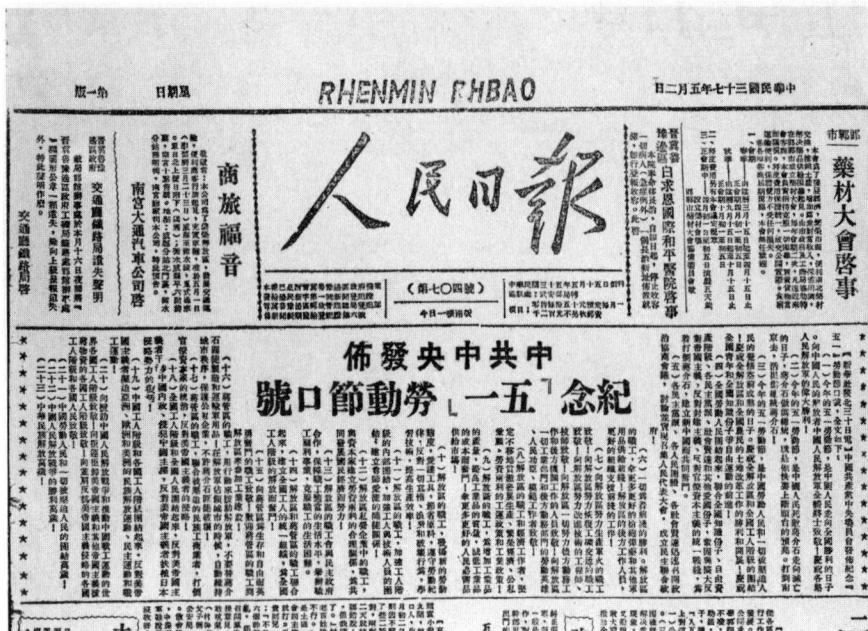

1948年5月2日，《人民日报》头版发表的《中共中央发布纪念"五一"劳动节口号》

的变动。初稿第5条原来的表述为："工人阶级是中国人民革命的领导者，解放区的工人阶级是新中国的主人翁，更加积极地行动起来，更早地实现中国革命的最后胜利。"毛泽东改写为："各民主党派、各人民团体、各社会贤达迅速召开政治协商会议，讨论并实现召集人民代表大会，成立民主联合政府。"

此外，毛泽东还将第23条"中国人民的领袖毛主席万岁"划掉，将第24条"中国劳动人民和被压迫人民的组织者，中国人民解放战争的领导者——中国共产党万岁"改为"中华民族解放万岁"。这样，"五一"口号从初稿时的24条，变成改定后的23条。

　　4月30日，《中共中央纪念"五一"劳动节口号》通过陕北的新华社正式对外发布。同一时间，新华广播电台也进行了广播。5月1日，《晋察冀日报》头版头条刊发了"五一"口号。5月2日，《人民日报》头版头条全文发表。

　　5月1日，毛泽东写信给中国国民党革命委员会（简称民革）中央执行委员会主席李济深、主持盟务的中国民主同盟（简称民盟）中央委员会常务委员沈钧儒，对"五一"口号的第5条做了进一步的补充说明。他在信中指出："在目前形势下，召集人民代表

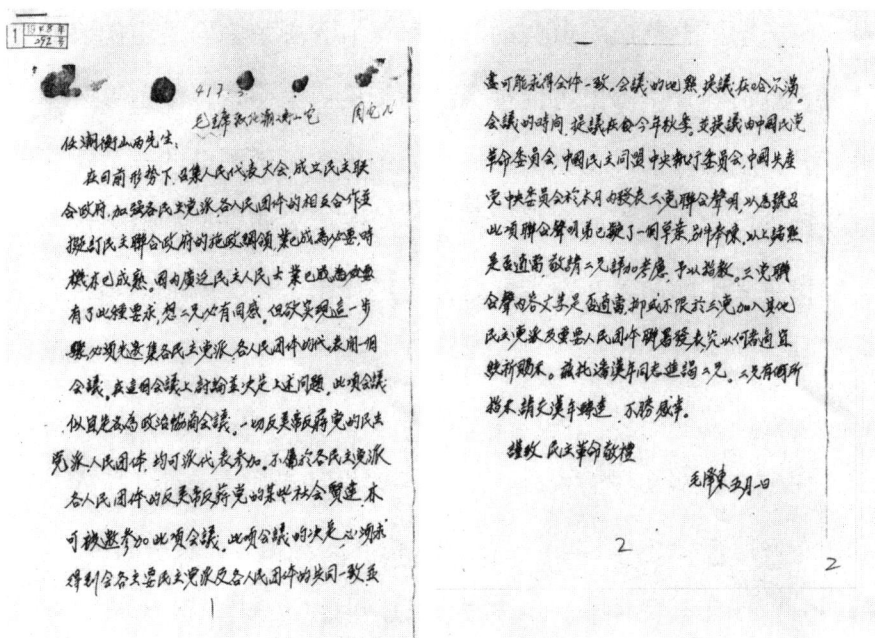

毛泽东写给李济深、沈钧儒的信

大会，成立民主联合政府，加强各民主党派、各人民团体的相互合作，并拟订民主联合政府的施政纲领，业已成为必要，时机亦已成熟……但欲实现这一步骤，必须先邀集各民主党派、各人民团体的代表开一个会议。在这个会议上，讨论并决定上述问题。"

中国共产党发布的"五一"口号，表达了中国人民的要求和意愿，也反映了各民主党派和所有爱国人士的政治主张，成为在新的革命高潮中进一步扩大人民民主统一战线、推动人民革命战争继续发展的重大措施，更为中国共产党与各民主党派合作共事、协商建国奠定了良好的基础。

中国国民党革命委员会的李济深、何香凝，中国民主同盟的沈钧儒、章伯钧，中国民主促进会的马叙伦、王绍鏊，中国致公党的陈其尤，中国农工民主党的彭泽民，中国人民救国会的李章达，中国国民党民主促进会的蔡廷锴，三民主义同志联合会的谭平山，无党派民主人士郭沫若在香港联合致电毛泽东，积极响应中国共产党的号召。

在香港的冯裕芳、柳亚子、沈雁冰（即茅盾）、章乃器、朱蕴山、胡愈之、邓初民、侯外庐、陈其瑗等各界民主人士125人，留港妇女界何香凝、刘王立明等232人相继发表声明，表示拥护。

6月25日，民革中央在香港发表《我们对于新政协的意见》，明确表示，在人民解放战争即将获胜、国民党反动政权行将崩溃的今天，中共中央"五一"口号中提出的迅速召集新政协、成立民主联合政府的建议是"为消灭卖国独裁的反动统治和建立独立民主幸福的新中国所应循的途径"。民革不仅同意中共中央这一建议，而且要"以此号召本党同志、全国人民，为新政协之实现，人民代表大会之召开，民主联合政府之成立而共同努力"。

　　旅居新加坡、马来西亚、缅甸、法国、加拿大等地的华侨也纷纷发出通电，积极响应中共中央"五一"口号。

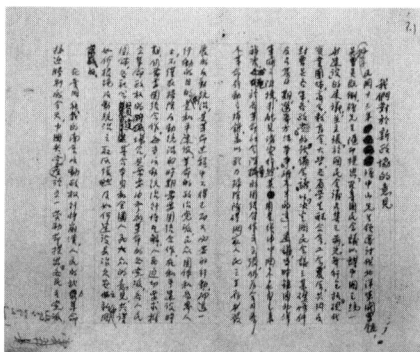

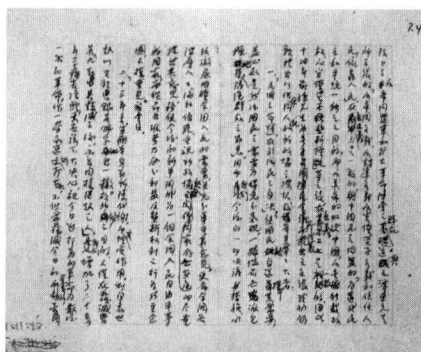

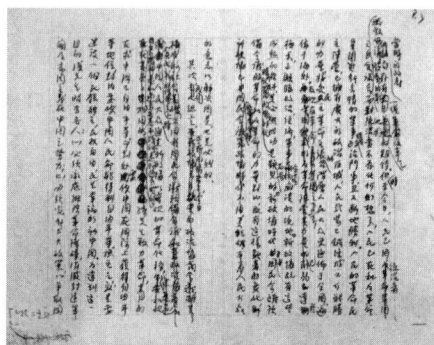

民革中央发表《我们对于新政协的意见》

8月初，毛泽东复电响应"五一"口号的各民主党派与民主人士，希望同诸先生及全国各界民主人士共同研讨新政治协商会议的时机、地点、召集人、参加会议者的范围以及会议应讨论的问题等事项。

当时，大多数民主人士集中在香港和尚未解放的上海、南京等地。因此，把这些民主人士动员并安全地护送到解放区来，成为当时中国共产党的一项重要任务。8月2日，周恩来致电钱之光，嘱其以解放区救济总署特派员名义前往香港，会同方方、章汉夫、潘汉年、连贯、夏衍等，护送在港民主人士进入解放区筹备新政协。为了稳妥起见，周恩来还制定了邀请民主人士应该遵守的基本原则："邀请是一件事，必须将话转到；愿来与否，是又一件事，必须出于本人自愿，望你们依此原则办理为要。"①

在中共的周密安排下，原来在国民党统治区的各民主党派、民主人士和海外华侨代表，陆续进入东北和华北解放区。参加护送民主人士的钱之光回忆：8月初我从大连出发，经丹东、跨过鸭绿江大桥到达朝鲜的平壤。在平壤，我同苏联的办事机构办理了租船手续，然后便去罗津乘上"波尔塔瓦"号，开始了特殊使命的远途航行。

由于租来的苏联"波尔塔瓦"号货船不大，为了安全起见，第一批北上的民主人士人数不多，主要有沈钧儒、谭平山、章伯钧、

---

① 中共中央文献研究室、中央档案馆编《建国以来周恩来文稿（一九四九年六月——一九四九年十二月）》第一册，中央文献出版社，2008，第342页。

蔡廷锴和他的秘书林一元等。中共代表李富春受周恩来委托，提前到朝鲜罗津港迎接，与民主人士于9月29日到达哈尔滨。由于当时华北、东北的一些大城市尚未解放，因此，解放区接待民主人士的地点，除了哈尔滨之外，就是河北省平山县的李家庄。

之所以选择李家庄，是因为新成立的中央统一战线工作部就设在这里。9月26日，中共中央决定将中央城市工作部改为中央统一战线工作部，由李维汉任部长，其首要任务是做好召开新政协会议的准备工作，组织、护送民主人士到解放区，负责联络和接待工作。李维汉还在这里组织起草了《关于召开新的政治协商会议诸问题（草案）》，并与先前到达李家庄的民主人士进行讨论，对草案做了修改和补充。

在充分协商讨论的基础上，1948年11月25日，高岗、李富春受中共中央委托，与沈钧儒、章伯钧、谭平山、蔡廷锴、王绍鏊、李德全、朱学范、高崇民等8人在马迭尔宾馆经过最后的协商，达成《关于召开新的政治协商会议诸问题的协议》，确定中共等38个单位参加新政协，会议地点在哈尔滨，条例由中共中央起草。但是没想到仅仅过了两个月，淮海战役、平津战役接连胜利结束，会议地点遂由哈尔滨改到北平。关于会议名称，只叫"新政协"无法与原来的"旧政协"真正区别开来，周恩来建议在"政治协商会议"前加上"中国人民"四字，得到大家的赞同。此后，"中国人民政治协商会议"的名称便沿用下来。

将革命进行到底

1948年9月8日至13日，中共中央在西柏坡召开政治局扩大会议，即九月会议。会议根据战争形势的发展，提出建军500万、用5年左右的时间（从1946年7月算起）从根本上打倒国民党的反动统治的战略任务。为此，要求军队向前进，作战方式由游击战争过渡到正规战争；重申和完善城南庄会议的战略计划，要求各战略区在战争第3年打更大规模的歼灭战。

蒋介石搞起了"缓兵计"，发表要求和谈的《新年文告》，企图借"和平谈判"之机争取喘息时间。

关心时势的人们在读了《新年文告》

后，无不大失所望。洋洋洒洒数千言，无半分和谈之诚意，唯见推脱内战责任之用心，但也有少数人为蒋介石的虚假言辞所蒙蔽，对革命到底的信念不太坚定，对现实十分迷惘。

毛泽东于1948年12月30日为新华社写了题为《将革命进行到底》的新年献词。他在这篇献词的开头不容置疑地指出："中国人民将要在伟大的解放战争中获得最后胜利，这一点，现在甚至我们的敌人也不怀疑了。"

在新年献词中，毛泽东一针见血地指出：中国反动派和帝国主义侵略势力看到了中国人民解放战争在全国范围内的胜利，已经不能用单纯的军事斗争的方法加以阻止，他们就一天比一天地重视政治斗争的方法。中国反动派和美国侵略者现在一方面正在利用现存的国民党政府来进行"和平"阴谋，另一方面力图在革命阵营内部组织反对派，极力使革命就此止步。是将革命进行到底呢，还是使革命半途而废呢？这是摆在中国人民、各民主党派、各人民团体面前的问题。

针对少数人在这个问题上模糊动摇的情况，毛泽东深入浅出地讲述了除恶务尽的道理，告诫人们决不要怜惜蛇一样的恶人。在这里，他引用了古希腊的一则寓言，把深刻的道理阐述得很明白、浅显，教育了许多尚未觉悟的革命群众，使他们对蒋介石的求和重新保持警惕。

在新年献词的最后一部分里，毛泽东擘画了1949年中国革命的蓝图，那就是：1949年将要召集没有反动分子参加的以完成人民革命任务为目标的政治协商会议，宣告中华人民共和国的成立，并组成共和国的中央政府。这个政府将是一个在中国共产党领导之下的、有各民主党派各人民团体的适当的代表人物参加的民主联合政府。

毛泽东新年献词的发表，使在前线浴血奋战的人民解放军受到极大的鼓舞，各战区指战员纷纷致电中央军委表示战斗决心。而蒋介石则无可奈何地哀叹自己末日的来临。

革命的人民需要革命理论的指导。1949年1月4日，毛泽东又为新华社撰写《评战犯求和》，指出蒋介石求和目的是"为了保存

《将革命进行到底》（油印件）

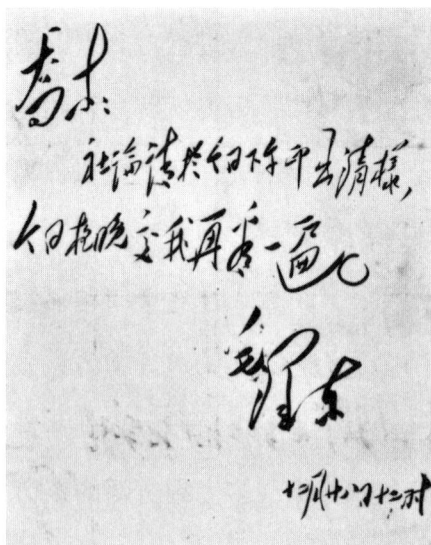

毛泽东给胡乔木的信

中国反动势力和美国在华侵略势力"。1月8日，中央政治局会议通过毛泽东起草的《目前形势和党在一九四九年的任务》声明，"必须将革命进行到底，而不容许半途而废"，重申"一九四九年必须召集没有反动派参加的以完成中国人民革命任务为目标的各民主党派各人民团体的政治协商会议，宣告中华人民民主共和国的成立，组成共和国的中央政府，并通过共同纲领"。

1月14日，毛泽东以中共中央主席的名义发表关于时局的声明，严正指出：为了迅速结束战争，实现真正的和平，减少人民的痛苦，中国共产党愿意在惩办战争罪犯、废除伪宪法和伪法统、依据民主原则改编一切反动军队等8项条件的基础上，同南

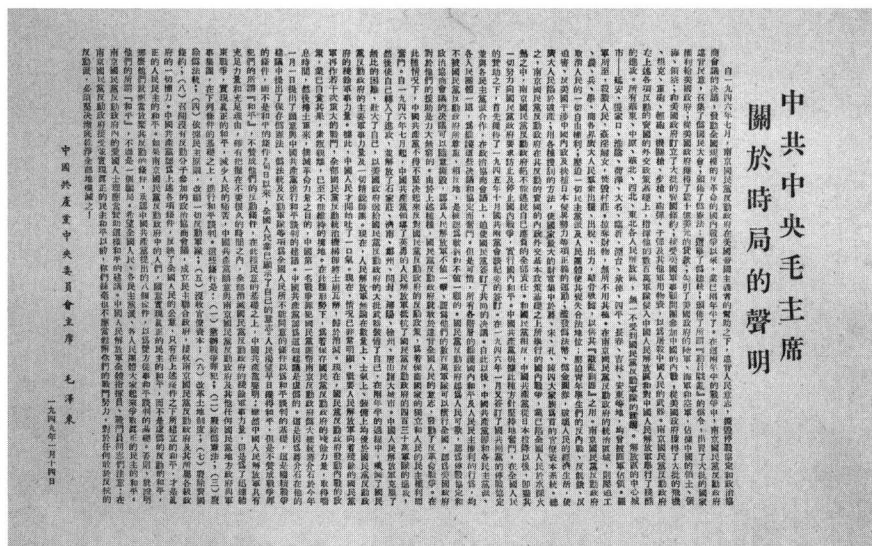

《中共中央毛主席关于时局的声明》

京国民党反动政府及其他任何国民党地方政府和军事集团进行和平谈判。

毛泽东的声明得到各民主党派、无党派民主人士和各阶层群众的热烈拥护。1月22日，到达解放区的李济深、沈钧儒、马叙伦、郭沫若等55名各民主党派负责人和无党派民主人士联名发表《我们对于时局的意见》，首次公开提出："愿在中共领导下，献其绵薄，共策进行，以期中国人民民主革命之迅速成功，独立、自由、和平、幸福的新中国之早日实现。"

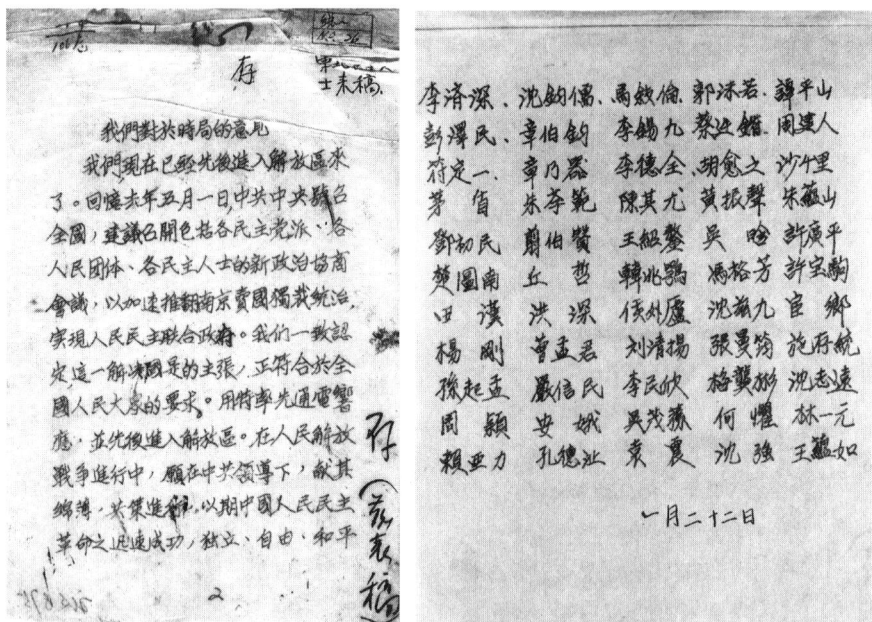

《我们对于时局的意见》

九三学社发表拥护中共八项和平条件的宣言

　　北平文化界民主人士亦发表声明或宣言，表示拥护中国共产党"将革命进行到底"的号召。这表明各民主党派一致确认了中国共产党在中国革命中的领导地位，坚决拥护中国共产党的新民主主义革命纲领。中国共产党对中国革命的领导，对人民民主统一战线的领导，得到了充分的实现，从而为中国革命完全、彻底的胜利提供了保障。

　　筹建新中国的大幕缓缓地拉开了。

进京赶考

　　1948年3月，毛泽东、周恩来、任弼时率中共中央机关东渡黄河，于四五月间相继到达河北建屏县（今平山县）西柏坡，与此前到达的中共中央其他领导同志会合。

　　建屏县是晋察冀解放区的领导机关所在地，处于华北解放区的中心位置。尤其是西柏坡一带村庄，位于华北平原与太行山的交会处，向东南是华北重要战略要地和交通枢纽石家庄，向西是巍巍太行山，向东是华北大平原，层峦叠嶂，地势险要。这一带土壤肥沃，气候温和，物产丰富，村镇密布，人口稠密，而且土地改革后农民的生产积极性很高。毛泽东曾赞誉西柏

中共中央领导人在西柏坡的办公场所

坡是个理想的总指挥部，周恩来称西柏坡是"解放全中国的最后一个农村指挥所"。

西柏坡时期正是人民解放军进行战略决战时期，捷报频传，每天都会收复一些城市，解放大片地区，歼灭大量敌人。在西柏坡，毛泽东以中央军委名义总共起草197份电报。周恩来曾风趣地说："毛主席是在世界上最小的指挥部里指挥了一场世界上最大的战争，我们这个司令部一不发枪，二不发人，三不发粮，只发电报。"在

毛泽东在西柏坡时用过的墨水瓶和搪瓷杯

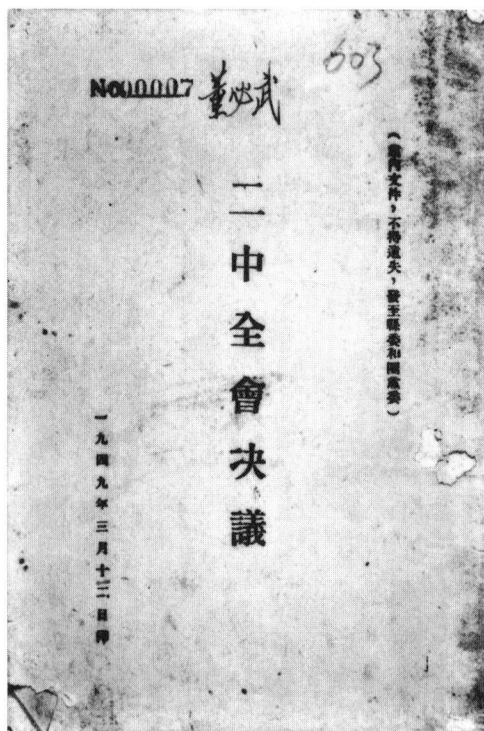

中共七届二中全会决议

这个小指挥部里，一封封电报，就这样把中央与前线有效结合在一起，将"运筹帷幄之中，决胜千里之外"的智慧体现得淋漓尽致。

中共中央在西柏坡期间，领导了全国土地改革运动；指挥了震惊中外的辽沈战役、淮海战役、平津战役三大战役；召开了中共九月会议和具有划时代意义的中共七届二中全会；完成了在乡村聚集力量，用农村包围城市，然后夺取城市，夺取全国胜利的历史任务。在革命战争年代孕育形成的西柏坡精神，成为中国共产党人带领中华民族艰苦奋斗、自强不息的力量源泉。

随着中共领导的人民革命在全国的胜利已成定局，建立新中国的任务被提上日程。1949 年 3 月在西柏坡召开的中共七届二中全会，讨论中共的工作重心由乡村转移到城市的问题，指出用乡村包围城市的时期已经完结，从现在起，开始了由城市到乡村并由城市领导乡村的时期。毛泽东在《在中国共产党第七届中央委员会第二次全体会议上的报告》指出："剧是必须从序幕开始的，但序幕还不是高潮。中国的革命是伟大的，但革命以后的路程更长，工作更伟大，更艰苦。这一点现在就必须向党内讲明白，务必使同志们继续地保持谦虚、谨慎、不骄、不躁的作风，务必使同志们继续地保持艰苦奋斗的作风。"

毛泽东提出的"两个务必"思想，包含着对中国几千年历史治乱规律的深刻借鉴，包含着对中国共产党艰苦卓绝奋斗历程的深刻总结，也包含着对政党永葆先进性和纯洁性、对即将诞生的人民政权的深刻忧思。

中共中央机关筹备迁往北平的工作，由周恩来主管，在北平和平解放的同时就已开始着手进行。早在 1949 年 2 月 7 日，中央社会部副部长李克农和北平市警备司令部司令员兼政治委员程子华一起到香山。经过实地勘察，最终决定将香山作为中共中央机关和人民解放军总部驻地。为保密起见，中共中央机关驻地代号使用"劳动大学"名字，简称"劳大"。

1949 年 3 月 23 日上午，毛泽东率领中共中央机关离开"解放全中国的最后一个农村指挥所"——西柏坡,向北平进发。临行前,毛泽东对周恩来说,今天是进京的日子,进京"赶考"去。周恩来说,我们应当都能考试及格,不要退回来。毛泽东说,退回来就失败了。我们决不当李自成,我们都希望考个好成绩①。

3月23日中午,毛泽东、刘少奇、朱德、周恩来、任弼时等中央领导和工作人员、警卫部队,分乘11辆吉普车和10辆大卡车,从西柏坡出发,途经河北省保定,于3月24日到达涿县(今涿州市)。3月25日凌晨,毛泽东等中央领导人从涿县火车站出发到达清华园车站,换乘汽车前往颐和园稍事休息。当天下午3点,人民解放军第一次隆重的阅兵仪式在北平西苑机场举行。毛泽东、刘少奇、朱德、周恩来、任弼时、林彪、罗荣桓、聂荣臻、叶剑英等领导人乘坐敞篷吉普车检阅部队。阅兵车是缴获的美式吉普,左侧全封闭,右侧留缺口,驾驶员和副驾驶都从这里下车。因为战乱,西苑机场的部分地面已经破损,车容易颠簸,人站在车上很容易摔倒,总指挥刘亚楼站在毛泽东的身后,以应对突发情况。

阅兵结束以后,毛泽东同民主人士李济深、沈钧儒、黄炎培等人合影。当晚,毛泽东等中央领导在颐和园益寿堂宴请民主人士。柳亚子在其《柳亚子日记》中记载:"(1949年3月25日)夜,毛主席派车来迓,赴颐和园饭局,共两席……饭罢,冯夫人来,坐

---

① 中共中央文献研究室编《毛泽东年谱(1893—1949)(修订本)》下卷,中央文献出版社,2013,第470页。

谈至一时半，始乘车归，抵寓已二时许矣。"

中共中央机关和毛泽东进驻北平香山，标志着中国革命重心从农村转向城市。这里成为中共领导解放战争走向全国胜利、新民主主义革命取得伟大胜利的总指挥部。

三大战役之后，国民党赖以维持其反动统治的主要军事力量基本被摧毁，为中国革命在全国的胜利奠定了基础。尽管中国共产党人对蒋介石的"和谈"不抱任何幻想，但还是为实现国内和平认真做了最后一次努力。1949年4月1日，以周恩来为首席代表的中共代表团与以张治中为首席代表的国民党政府代表团在北平举行谈判。经反复磋商，4月15日，中共代表团提出《国内和平协定（最后修正案）》。由于国民党当局拒绝在这个协定上签字，谈判宣告破裂，毛泽东主席和朱德总司令发布向全国进军的命令。

4月20日夜至21日，由以邓小平为书记的渡江战役总前委统一指挥，第二、第三野战军在第四野战军先遣兵团和中原军区部队的配合下，发起渡江战役。在西起湖口、东至江阴的千里战线上，百万雄师分3路强渡长江。国民党苦心经营3个半月的长江防线顷刻瓦解。4月23日，人民解放军占领国民党统治中心——南京，宣告延续22年的国民党反动政权覆灭。毛泽东在北平香山双清别墅看到这个捷报后，写下《七律·人民解放军占领南京》。他用"宜将剩勇追穷寇，不可沽名学霸王"，表达了将革命进行到底的决心；用"天若有情天亦老，人间正道是沧桑"，揭示了人类社会进步的客观规律。

中国人民解放军占领南京总统府

　　为了向全国人民公开阐明中国共产党在建立新中国问题上的主张，1949年6月30日，毛泽东发表《论人民民主专政》一文，指出，人民民主专政需要工人阶级的领导。人民民主专政的基础是工人阶级、农民阶级和城市小资产阶级的联盟，而主要是工人和农民的联盟。进行中国的人民革命和发展中国的经济，需要团结民族资产阶级，但它不能充当革命的领导者，也不应当在国家政权中占主要的地位。

　　中共七届二中全会决议和毛泽东的《论人民民主专政》，为新中国的建立奠定了政策基础和理论基础。

中国人民政治协商会议共同纲领

一九四九年九月二十九日

第二章

见证新中国诞生的『天书』

中国人民政治协商会议第一届全体会议，通过了《中国人民政治协商会议共同纲领》，通过了《中国人民政治协商会议组织法》《中华人民共和国中央人民政府组织法》等重要文件，完成了中华人民共和国成立的一系列准备工作。

筹备新政治协商会议

1949年4月中旬,国共双方代表在北平举行的和平谈判破裂以后,新政治协商会议筹备会(简称筹备会)预备会议于6月11日在毛泽东的香山住所举行。

为什么使用"新政治协商会议"(简称新政协)这个名称呢?周恩来解释了其中的原因:"'政治协商会议'是我在重庆和王世杰谈判时他提出来的。此人反动失败而去,'政协会议'的名字却被我们留下,再加上一个'新'字,以区别于旧的政治协商会议,实际上就是我们人民民主的统一阵线,包括海外华侨和少数民族,是无产阶级

新政治协商会议筹备代表胸章

领导下的四个阶级的联盟。"①

　　为了准备新政治协商会议的召开,同时也为了筹备建立中央人民政府,1949年6月15日,筹备会第一次全体会议在北平召开。毛泽东在筹备会的开幕典礼上发表讲话,对这个筹备会的任务做了明确的说明,那就是:"完成各项必要的准备工作,迅速召开新的政治协商会议,成立民主联合政府,以便领导全国人民,以最快的速度肃清国民党反动派的残余力量,统一全中国,有系统地和有步骤地在全国范

---

　　① 中共中央文献研究室、中央档案馆编《建国以来周恩来文稿(一九四九年六月——一九四九年十二月)》第一册,中央文献出版社,2008,第10页。

围内进行政治的、经济的、文化的和国防的建设工作。"①

毛泽东要求全国人民团结起来，坚决、彻底、干净、全部地粉碎帝国主义及其走狗中国反动派的任何一项反对中国人民的阴谋计划。在讲话中，他还指出了中国民主联合政府未来的工作重点：肃清反动派的残余，镇压反动派的捣乱；尽一切可能用极大力量从事人民经济事业的恢复和发展，同时恢复和发展人民的文化教育事业。

同时，毛泽东还满怀希望地预言，"中国人民将会看见，中国的命运一经操在人民自己的手里，中国就将如太阳升起在东方那样，以自己的辉煌的光焰普照大地，迅速地荡涤反动政府留下来的污泥浊水，治好战争的创伤，建设起一个崭新的强盛的名副其实的人民共和国"②。

针对参加新政协筹备会的人员组成问题，中共代表与沈钧儒、谭平山、章伯钧等民主人士进行了协商，并作出明确的界定：由反对美帝国主义侵略、反对国民党反动统治、反对封建主义和官僚资本压迫的各民主党派各人民团体及无党派民主人士的代表人物组成，南京反动政府系统下的一切反动党派及反动分子必须排除，不得许其参加。

---

① 毛泽东：《毛泽东选集》第四卷，人民出版社，1991，第1463页。
② 毛泽东：《毛泽东选集》第四卷，人民出版社，1991，第1467页。

经过友好的协商，中共代表与民主人士最终确定了参加筹备会的各党派、团体、无党派民主人士和特邀代表，包括中国共产党、中国国民党革命委员会、中国民主同盟、中国民主促进会、中国致公党、中国农工民主党、中国人民救国会、中国国民党民主促进会、三民主义同志联合会、民主建国会、无党派民主人士、民主教授、国内少数民族、海外华侨民主人士、中华全国总工会、解放区农民团体、全国妇女联合会筹备委员会、全国学生联合会、全国青年联合会筹备委员会、上海人民团体联合会、产业界民主人士、文化界民主人士、中国人民解放军等。

筹备会的委员一共有134人，据刘少奇统计，"其中党员四十三人，肯定跟我们前进的进步人士四十八人，中间人士四十三人，其中中间偏右者只有十六人，在进步人士中有十五个秘密党员"①。

为了加快各项筹备工作，筹备会第一次全体会议通过《各单位代表参加小组的办法》，决定在常务委员会领导下设立6个小组：第一小组，拟定参加新政协的单位及各单位代表名单，李维汉为组长，章伯钧为副组长；第二小组，起草新政协会议组织条例，谭平山为组长，周新民为副组长；第三小组，起草共同纲领，周恩来为组长，许德珩为副组长；第四小组，拟定中华人民民主共和国中央人民政府方案，董必武为组长，黄炎培为副组长；第五小组，起草

---

① 中共中央文献研究室、中央档案馆编《建国以来刘少奇文稿（一九四九年七月——一九五〇年三月）》第一册，中央文献出版社，2005，第4页。

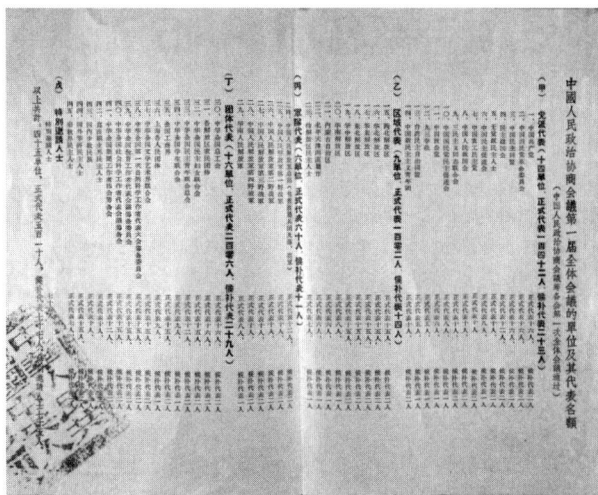

《中国人民政治协商会议
第一届全体会议的单位
及其代表名额》花名册

大会宣言，郭沫若为组长，陈劭先为副组长；第六小组，拟定国旗、国歌、国徽方案，马叙伦为组长，叶剑英、沈雁冰为副组长。

筹备会第一次全体会议历时5天，于6月19日闭幕。经过讨论，会议通过了《新政治协商会议筹备会组织条例》和《关于参加新政治协商会议的单位及其代表名额的规定》。会议推选毛泽东为常务委员会主任，周恩来、李济深、沈钧儒、郭沫若、陈叔通为副主任，李维汉为秘书长（后因病由林伯渠代）。闭幕后，筹备工作由常务委员会和6个小组继续完成。

"天书"签名册

新政协筹备会第一小组负责拟定参加新政协的单位和代表名额，这是一项极其严肃又十分繁重的工作。毛泽东在《给李济深、沈钧儒的信》中表示："一切反美帝反蒋党的民主党派、人民团体，均可派代表参加。不属于各民主党派、各人民团体的反美帝反蒋党的某些社会贤达，亦可被邀参加此项会议。"

作为第一小组的组长，时任中央统战部部长的李维汉承担起拟定代表名单的重任。拟定的代表名单分为5类，由党派、区域、军队、团体代表和特别邀请人士组成，共662人。在拟定的全部代表中，中国共产党员约占44%，各民主党派代表约占30%，无

中国人民政治协商会议第一届全体会议代表签名册

党派代表约占26%。在党派代表中，中国共产党与中国国民党革命委员会、中国民主同盟的代表名额相同，均为正式代表16人、候补代表2人。在人民解放区、各地区以及工、农、青、妇等单位团体中，共产党员和基本群众代表占多数。这样既保证了中国共产党的领导，又体现了中国共产党领导的多党合作和政治协商制度的高度民主性，从而形成中国共产党与各民主党派、无党派民主人士以及社会各阶层人士团结合作、民主协商、共议建国大计的政治局面。

拟定这样一份代表名单的过程颇费周章，筹备会先后召开了多次会议，对代表人选逐一研究、再三斟酌，工作量极大。毛泽东和周恩来对此也十分重视，常常参加讨论。经过反复协商与征求各方意见，筹备会终于在大会临近开幕时确定了最终的代表名单。当中央统战部把参加大会的单位、代表人选和各项统计印制成一本厚厚的表册呈送中央后，毛泽东一边翻看，一边感叹这是一本"天书"。

1949 年 9 月 15 日，中南海陆续迎来各界参会代表，在勤政殿、怀仁堂等几处地方的长桌上按参加会议的各单位顺序摆放着印有新政协会徽的签到纸，供与会代表们签名报到。当时承担会务工作的方荣欣回忆说："会场门口的桌上，摆着一本《中国人民政治协商会议第一届全体会议签名册》。原木制作大尺寸封面，棕色底版，浅绿色字样，由林伯渠题词。打开来，是折叠的宣纸，每页上端水印政协会徽。"

中国共产党的代表中，陈云同志是第一个来报到的。随后，周恩来等代表先后报到签名，都把首页的第一、第二行空着，留给毛泽东。据全国政协文史资料委员会编《人民政协纪事》记录，1949 年 9 月 17 日上午，负责接待中国共产党代表的孙小礼接到通知：毛主席要来勤政殿开会，同时签到，并有摄影记者陪同。签到其实很简单，可毛主席要签到的那张纸上，后面的三行已经签满了周恩来、陈云等其他代表的名字，这样拍摄出来的画面不太好看。大家终于想出了一个办法：用一张新纸沿着第三行的竖道折叠起来，盖上后三行。这样，在镜头下看就像一张崭新的签到纸了。

孙小礼还回忆，特邀人士首席代表宋庆龄是在 9 月中旬单独到怀仁堂签名报到的。按规定，代表签名一律用毛笔，第一行写单位名称，由各单位的首席代表写；第二行是首席代表签名。但为了尊重宋庆龄的习惯，特为她准备了一支钢笔，代表中只有她一人使用了钢笔，也只有她一人没有在第一行写单位名称。

此外，中国人民救国会首席代表李章达因心脏病复发，在会前离开了北平。特邀代表维吾尔族的赛福鼎和乌孜别克族的阿里木江写的是维吾尔文，是仅有的两位用少数民族文字签名的代表。一些在会议开幕前因故未能及时签到的代表，都在会后补签了名字，如特邀的国民党军队起义将领代表傅作义、邓宝珊等。特邀人士代表、老解放区开明士绅安文钦，只参加了最后一天的会议，是最后一个签名的代表。

最终，实际报名签到参加新政协会议的代表共644位，与662位代表名额相差18人。这18人中，有15人因故未到北平，被会议批准列名缺席，有3人为缺额。这15位列名缺席的代表分别是：杨杰、李章达、任谦、徐向前、荣德生、李四光、徐四民、刘明电、萨镇冰、颜惠庆、侯寒江、林棠、龙云、张鸿鼎、董其武。

9月17日，筹备会召开第二次全体会议，周恩来代表常委会向会议报告了3个月来的筹备工作。会议一致同意将"新政治协商会议"改称为"中国人民政治协商会议"①，并通过了《中国人民政治协商会议组织法（草案）》《中华人民共和国中央人民政府组织法（草案）》《中国人民政治协商会议共同纲领（草案）》等文件。中国共产党领导的多党合作制度也在与各民主党派、无党派民主人士团结合作和协商大计的过程中初步形成。

---

① 1949年8月22日，《新民主主义的共同纲领（草案初稿）》已开始使用"中国人民政治协商会议"名称。

毛泽东到火车站亲迎的两位民主人士

在日理万机、精心部署各路大军追歼国民党残敌的日子里，毛泽东曾两次亲往北平车站，迎接爱国民主人士。一次是迎接宋庆龄，另一次是迎接国民党元老、长沙起义将领程潜。

之所以邀请宋庆龄北上商讨建国大计，不仅因为她是孙中山的夫人，更因为她是一位坚强的民主革命战士。毛泽东始终对宋庆龄保持着特殊的尊重。早在 1949 年 1 月 19 日，毛泽东就与周恩来联名邀请在上海的宋庆龄北上参加新政协会议。因当时身体抱恙，不宜远行，宋庆龄在《致毛泽东、刘少奇、朱德、周恩来》的信中写道："请接受我对你们极友善的来信之深厚的感谢。我非常抱歉，由于有炎症及血压高，正在诊治中，不克即时成行。"

筹备会第一次全体会议结束后，各项筹备工作全面展开。在这种情况下，中共中央于6月下旬委派邓颖超、廖梦醒（廖仲恺、何香凝夫妇的女儿，曾长期担任宋庆龄的英文秘书）持毛泽东、周恩来的亲笔信，由北平专程到上海再次邀请宋庆龄北上参加新政治协商会议，共商国是。

毛泽东在信中写道："重庆违教，忽近四年。仰望之诚，与日俱积。兹者全国革命胜利在即，建设大计，亟待商筹，特派邓颖超

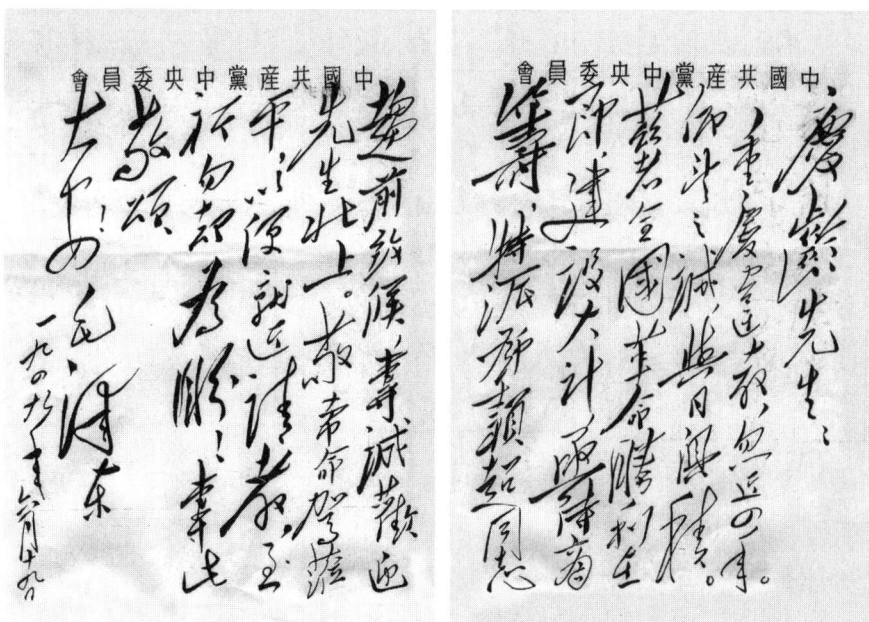

毛泽东写给宋庆龄的信

同志趋前致候,专诚欢迎先生北上。敬希命驾莅平,以便就近请教,至祈勿却为盼!"①

周恩来在给宋庆龄的亲笔信中写道:"沪滨告别,瞬近三年,每当蒋贼肆虐之际,辄以先生安全为念。今幸解放迅速,先生从此永脱险境,诚人民之大喜,私心亦为之大慰。现全国胜利在即,新中国建设有待于先生指教者正多,敢借颖超专诚迎迓之便,谨陈渴望先生北上之情。敬希早日命驾,实为至幸。"②

周恩来向来谨慎细致,他的亲笔书信一向整洁干净。然而,在写给宋庆龄的这封信中,却改了一个字。原文是"略陈渴望先生北

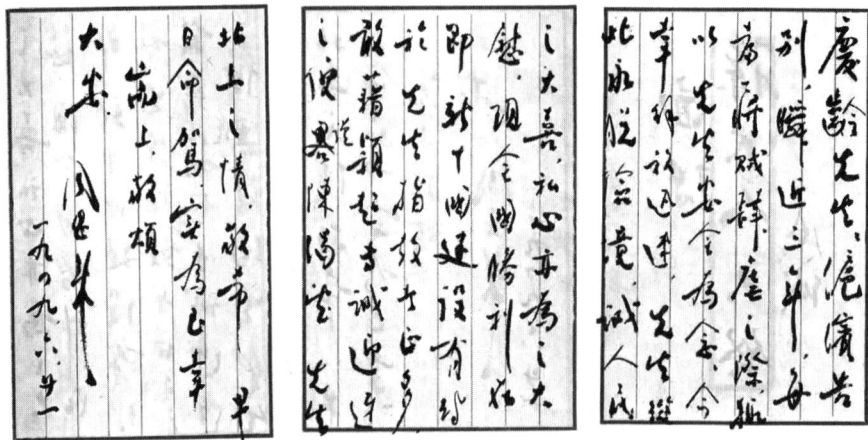

周恩来写给宋庆龄的信

---

① 中共中央文献研究室编《毛泽东书信选集》,人民出版社,2003,第298页。

② 中共中央文献研究室、中央档案馆编《建国以来周恩来文稿(一九四九年六月——一九四九年十二月)》第一册,中央文献出版社,2008,第18页。

上之情",后来这个"略"字被改成了"谨"字。工作人员在复制这两封珍贵的书信时,发现改后的"谨"字并非周总理的字迹,而是毛主席的字迹。于是可以想象,周总理当年写完信后,送呈毛主席斧正,毛主席提笔将"略"字改成了"谨"字。一字之差,却意味深长,体现了毛泽东对宋庆龄先生的尊敬之情。周总理接受了毛主席的修改,为了体现对毛主席的尊重,没有重新誊抄,直接就将信原样送给了宋庆龄。

通过与邓颖超、廖梦醒的几次深谈,宋庆龄被以毛泽东为代表的中国共产党人的盛情与友谊所感动,最终接受了中共中央的邀请。在邓颖超和廖梦醒的陪同下,宋庆龄于8月26日离沪,8月28日到达北平。中共中央为宋庆龄举行了盛大的欢迎仪式。据1949年8月29日《人民日报》的报道,毛泽东、朱德、周恩来、林伯渠、董必武、李济深、何香凝、沈钧儒、郭沫若、章伯钧、黄炎培、马叙伦、谭平山、柳亚子、彭泽民、蔡廷锴、聂荣臻、李立三、廖承志、蔡畅、沈雁冰、李德全、陈其瑗、胡愈之、张治中、齐燕铭、康克清、许广平、罗叔章、沈兹九等50余人到车站欢迎宋庆龄。宋庆龄下车后,与欢迎者一一握手。

在参加这次政协会议的众多代表中,除宋庆龄之外,毛泽东还前往车站迎接了另一个人,那就是国民党元老程潜。程潜1882年生于湖南,与毛泽东的关系非比寻常。毛泽东青年时曾经是程潜手下的一名新兵,因此后来毛泽东一直尊称程潜为"老上级""老领导"。程潜早年追随孙中山、黄兴革命，时任湖南省军政委员会主席。

8月30日，毛泽东亲自草拟电文邀请程潜来北平出席中国人民政治协商会议第一届全体会议。由于担心战争的破坏会给程潜的进京造成困难，毛泽东等中央领导人非常关注程潜进京的情况，常与沿路部队通话。9月3日，林彪、邓子恢等人电告中共中央：程潜已于昨日黄昏抵汉，我们拟本日下午请他吃饭与开晚会欢迎他。程明日可动身赴平。同来人共有随员十余人[1]。

对于程潜的到来，周恩来指示有关部门："住地布置六国饭店，并准备拨一住宅，准备其将来住在北平……欢迎人数将不会少过欢迎宋庆龄，当嘱统战部组织，公安部保卫。"[2]

9月7日晚10点，在北平前门火车站的站台上，一支百余人的欢迎队伍引人注目，其中包括毛泽东、朱德、周恩来、林伯渠、李济深等。程潜进京如此受毛泽东重视和礼遇，在各界人士中引为美谈。

9月19日，毛泽东再次起个大早，来到北京饭店看望住在这里并准备参加即将召开的中国人民政治协商会议的国民党起义将领代

---

① 中共中央文献研究室、中央档案馆编《建国以来周恩来文稿（一九四九年六月——一九四九年十二月）》第一册，中央文献出版社，2008，第345页。

② 中共中央文献研究室、中央档案馆编《建国以来周恩来文稿（一九四九年六月——一九四九年十二月）》第一册，中央文献出版社，2008，第344-345页。

天　坛

表。午餐后，毛泽东邀请程潜、陈明仁等代表同游天坛，一行人信步漫游，谈笑风生。祈年殿前，毛泽东邀请大家聚在一起，拍下珍贵照片。

至此，曾与中国共产党患难与共的各界民主人士都来到了北平，并开始了新一轮的精诚合作。

9月21日，中国人民政治协商会议第一届全体会议在北平中南海怀仁堂隆重开幕。会场的主席台上悬挂着孙中山、毛泽东的巨幅画像，画像中间，悬挂着中国人民政治协商会议的会徽。会徽式样复杂而美观：中间形似秋海棠叶之红色中国地图，高居白色地球上；上面又高插四面大红旗；淡蓝色的光线自地球向周围发出；会徽外围，上半圆为蓝色齿轮，下半圆为黄色嘉禾。

这是一次具有重要历史意义的会议，毛泽东在开幕词中庄严宣告："诸位代表先生们，全国人民所渴望的政治协商会议现在开幕了。我们的会议包括六百多位代表，代表着全中国所有的民主党派，人民团体，人民解放军，各地区，各民族和国外华侨。这就指明，我们的会议是一个全国人民大团结的会议。"

会场里爆发出一阵又一阵热烈的掌声，毛泽东那带着湖南乡音的讲话，在怀仁堂里回荡："我们有一个共同的感觉，这就是我们的工作将写在人类的历史上，它将表明：占人类总数四分之一的中国人从此站立起来了。"①

① 毛泽东：《毛泽东文集》第五卷，人民出版社，1996，第343页。

制定《共同纲领》

《中国人民政治协商会议共同纲领》(简称《共同纲领》)是中国历史上一份非常重要的文件,在新中国第一部宪法诞生前,其实际上起到了临时宪法的作用。"这是总结了中国人民在近一百多年来特别是最近二十多年来反对帝国主义、封建主义和官僚资本主义的革命斗争的经验,而制订出来的一部人民革命建国纲领。"[1]

《共同纲领》是中国共产党在领导筹建新中国的过程中逐步形成和完善的,其名称发生过多次变化。最初,它的名称是《中国

[1] 刘少奇:《刘少奇选集》上卷,人民出版社,1981,第434页。

人民民主革命纲领草稿》。为了与各民主党派有一个可供讨论的文本，在周恩来和李维汉的主持下，《中国人民民主革命纲领草稿》于1948年10月27日写成，周恩来把它分送刘少奇、朱德、陆定一、胡乔木、齐燕铭、李维汉等人审阅。该稿除了简短的序言外，分为总则、政治、军事、土地改革、经济财政、文化教育、社会政策、少数民族、华侨、外交等10部分，共46条。其重点是在"人民民主革命"方面，稿子虽然有些粗糙，但它还是把即将诞生的新中国应实行的最基本的纲领和政策勾画出来了。

随着三大战役和渡江战役的胜利结束，中国人民解放战争取得决定性的胜利。1948年起草的《中国人民民主革命纲领草稿》，显然已不能适应新的形势，修改工作迫在眉睫。与此同时，1949年3月召开的党的七届二中全会和6月底毛泽东发表的《论人民民主专政》，进一步丰富了中国共产党有关革命和建国的理论，为《共同纲领》的制定奠定了更加坚实的理论基础和政策基础。

在《在中国共产党第七届中央委员会第二次全体会议上的报告》中，毛泽东指出了新中国经济的五种成分："国营经济是社会主义性质的，合作社经济是半社会主义性质的，加上私人资本主义，加上个体经济，加上国家和私人合作的国家资本主义经济，这些就是人民共和国的几种主要的经济成分，这些就构成新民主主义的经济形态。"

党的七届二中全会后，毛泽东又提出"公私兼顾、劳资两利、城乡互助、内外交流"的经济方针，以此照顾四面八方的利益，达到"发展生产，繁荣经济"的目的。"五种经济成分"理论和"四面八方"政策，构成了《共同纲领》中经济政策的基本内容。

随后，毛泽东发表的《论人民民主专政》是一篇马克思列宁主义的重要文献，凝聚了共产党人关于建国后政权问题的深入思考，成为《共同纲领》和新政协的指导思想。毛泽东在这篇文章中指出："总结我们的经验，集中到一点，就是工人阶级（经过共产党）领导的以工农联盟为基础的人民民主专政。这个专政必须和国际革命力量团结一致。这就是我们的公式，这就是我们的主要经验，这就是我们的主要纲领。"

然而，由于对解放区的情况和共产党的具体政策不甚了解，一些民主人士对于要不要将革命进行到底、革命胜利后共产党还要不要民主党派等问题存在着疑虑。为了解除民主人士的疑虑，使他们进一步把思想统一到新民主主义的立场上来，保证《共同纲领》制定工作的顺利进行，周恩来精心安排民主人士赴解放区参观，使他们亲身感受到中国共产党的新民主主义政治、经济、文化政策。经过艰苦的思想工作，到1949年6月，筹备会第一次全体会议开幕之前，各民主党派和无党派民主人士中的绝大多数，在彻底推翻国民党反动统治和以新民主主义原则建立新中国这两个基本问题上，与中国共产党达成了一致。

根据新的形势，筹备会决定重新起草《共同纲领》，由第三小组负责。周恩来兼任第三小组组长，许德珩任副组长，宦乡任秘书。

组员的阵容十分庞大，有陈劭先、章伯钧、章乃器、李达、许广平、季方（严信民代）、沈志远、许宝驹、陈此生、黄鼎臣、彭德怀（罗瑞卿代）、朱学范、张晔、李烛尘、侯外庐、邓初民、廖承志、邓颖超、谢邦定、周建人、杨静仁、费振东、罗隆基，共23人。

6月18日，周恩来主持召开第三小组成立会议，布置《共同纲领》的起草，他指出："我们小组负责起草共同纲领，任务繁重。这个共同纲领决定联合政府的产生，也是各党派各团体合作的基础。去年在哈尔滨的各党派代表曾委托中共方面拟定一个草案，我们也曾两度起草。可是去年工作重心在动员一切力量参加和支援解放战争，现在重点却在建设新民主主义中国及肃清反动残余。这是长期性的工作，因此，中共方面第二次的草案也已不适用。"[1]

随即小组分为政治法律、财政经济、国防外交、文化教育和其他5个分组，分别就有关问题进行研究讨论，并写出具体条文，供起草者参考。

6月下旬，在周恩来领导下，第三小组再次草拟草案初稿。大约用了两个月时间，草案初稿完成。由于我们所要建立的新中国是一个新民主主义性质的国家，所以题目定为《新民主主义的共同纲领（草案初稿）》。如果说，起草《中国人民民主革命纲领草稿》时的指导方针是重在革命，那么这次重新起草《共同纲领》的指导

---

[1] 中共中央文献研究室、中央档案馆编《建国以来周恩来文稿（一九四九年六月——一九四九年十二月）》第一册，中央文献出版社，2008，第9-10页。

方针就把重点放在了建设新中国上面。

8月22日，周恩来将12300多字的《新民主主义的共同纲领（草案初稿）》送毛泽东审阅。9月，在此前的基础上，《共同纲领》正式定名为《中国人民政治协商会议共同纲领》。相对于

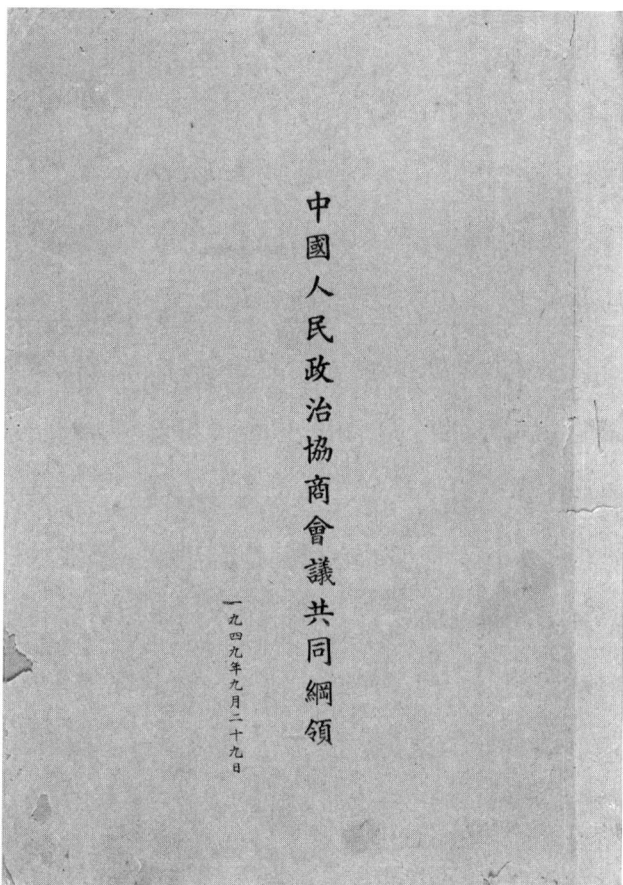

《中国人民政治协商会议共同纲领》

《新民主主义的共同纲领（草案初稿）》而言，《中国人民政治协商会议共同纲领》在结构上做了较大的改动，不再分一般纲领和具体纲领，而是在简短的序言之后，平列"总纲""政权机关""军事制度""经济政策""文化教育政策""民族政策""外交政策"7章，共60条，7000多字，比原来的更为简洁精练。

《共同纲领》最后阶段的修改与定稿，可谓中国历史上民主协商的典范。对此，当年的与会代表感慨万千。民主建国会代表章乃器说："分组讨论和大会报告轮番地举行，保证了大家都有充分的发言权，做到了知无不言，言无不尽，做到了反复讨论，不厌求详，做到了多数起了决定作用，少数心悦诚服。这才是真正的，彻底的民主。"九三学社代表许德珩说：《共同纲领》草案是经过了筹备会多次周详的讨论，"凡是在目前紧要的，能够办得到的建议，都是被采纳的。这种民主的，实事求是的精神，是值得我们佩慰的"。

正是怀着喜悦的心情，怀着建设一个独立、民主、和平、统一的新中国的共同愿望，通过广泛的民主协商，代表着中国各阶层人民利益的《中国人民政治协商会议共同纲领》，终于在1949年9月29日召开的中国人民政治协商会议第一届全体会议上获得一致通过。葛志成在《回忆新政协诞生前后》中称，大会通过《中国人民政治协商会议共同纲领》那天，周恩来专门对纲领草案做了说明，没等表决，他的讲话就获得了满堂的掌声。及至表决时，会场上的掌声就如雷鸣一般。它表达了全体代表的共同愿望，反映了全国人民建设祖国的共同意志。

《共同纲领》指出：中华人民共和国是新民主主义即人民民主主义的国家；中国人民民主专政是中国工人阶级、农民阶级、小资产阶级、民族资产阶级及其他爱国民主分子的人民民主统一战线政权，而以工农联盟为基础，以工人阶级为领导；目标是反对帝国主义、封建主义和官僚资本主义，为中国的独立、民主、和平、统一、富强而奋斗。由中国共产党、各民主党派、各人民团体、各地区、人民解放军、各少数民族、国外华侨及其他爱国民主分子的代表们所组成的中国人民政治协商会议，就是人民民主统一战线的组织形式。

凡涉及国家政治、经济、文化、社会生活的重要领域，《共同纲领》都以书面的形式作出了明确的规定，对于国家政权的稳定、社会秩序的安宁、经济的迅速恢复都起到了很大的作用。

以《共同纲领》的颁布为契机，中国共产党在巩固新生政权的同时，加强了与各民主党派的联系，很好地发挥了各民主党派参政议政、民主监督、民主协商的积极性，形成了一种民主氛围，这在政权的建立初期尤为重要。胡乔木在回忆那段历史时说，召开政协和拟定纲领的过程，突出体现了共产党领导下的党派协商精神。毛泽东、周恩来等共产党领导人大智大勇，虚怀大度，既能提出完整正确的建国方案，又能虚心听取其他党派和无党派民主人士的意

见，平等协商国家大事。其他党派和无党派民主人士亦能本着共同
负责的精神，竭智尽虑，为国献策，大胆发表意见，敢于进行争
论。这种精神，为我国政治生活留下了一种宝贵的传统①。

---

① 胡乔木：《胡乔木回忆毛泽东（增订本）》，人民出版社，2003，第560-561页。

第三章

踊跃应选的新国旗方案

1949 的 6 月，人们兴奋、忙碌的气氛比夏天更加热烈。为了筹建新中国，有太多工作需要准备。在起草《中国人民政治协商会议共同纲领》的同时，关于国旗的设计也被提上了议程，这无疑是一件神圣、严肃的大事。

征集启事

1949年6月16日，新政协筹备会常务委员会第一次会议决定在筹备会常务委员会下设立6个小组，分别负责筹建新中国的各项事宜。其中拟定国旗、国徽及国歌方案均由第六小组负责。第六小组由中国民主促进会负责人马叙伦担任组长，北平市军事管制委员会主任叶剑英任副组长，后又增加沈雁冰为副组长。小组成员有张奚若、田汉、马寅初、郑振铎、郭沫若、翦伯赞、钱三强、蔡畅、李立三、张澜、陈嘉庚、欧阳予倩、廖承志等。

7月4日下午，第六小组在中南海勤政殿第一会议室举行第一次会议。经过讨论研究，成立国旗、国徽图案评选委员会和国歌词谱评选委员会。会议推选叶剑英、廖承志、李立三、郑振铎、张奚若、蔡畅、田汉、翦伯赞8人组成国旗、国徽评选委员会，叶剑英为召集人，负责新中国的国旗征集和初选相关事宜。会议决定发布国旗、国徽图案及国歌词谱征集启事，由郭沫若、沈雁冰、郑振铎3人负责草拟。

3人起草的《征求国旗国徽图案及国歌辞谱启事（草案）》（简

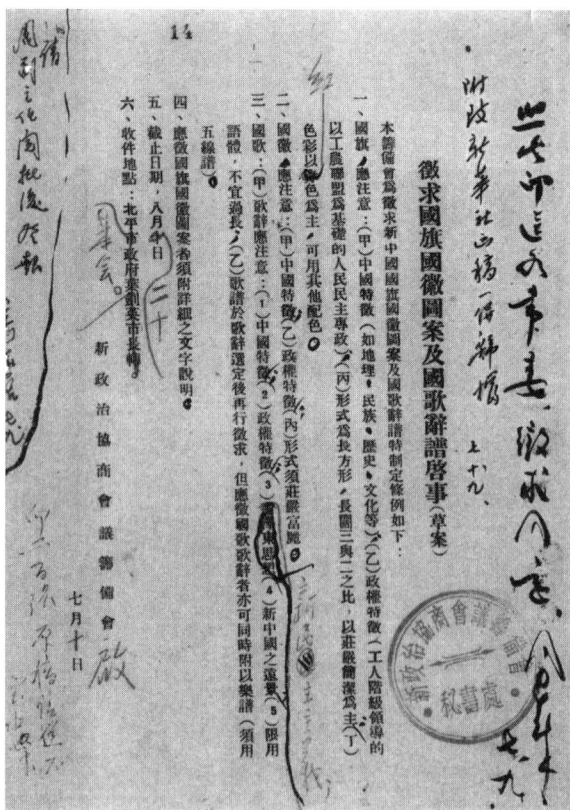

周恩来《征求国旗国徽图案及国歌辞谱启事（草案）》的批示（1949年7月10日）

称《启事》）交由周恩来批示。《启事》中对国旗作出如下规定：
"应注意：（甲）中国特征（如地理、民族、历史、文化等）；（乙）
政权特征（工人阶级领导的以工农联盟为基础的人民民主专政）；
（丙）形式为长方形，长阔三与二之比，以庄严简洁为主；（丁）色
彩以红色为主，可用其他配色。"《启事》中还明确规定应征国旗国
徽图案者须附详细之文字说明。截止日期为八月二十日。收件地点
为"北平本会"。周恩来认真审改，并作出批示："照此印送各常
委，征求同意。"

新政协筹备会秘书处将《启事》呈送毛泽东、朱德、李济深、张澜、林伯渠等筹备会常委征求意见。7月14日，《启事》开始连续在《人民日报》《天津日报》《新民报》《大众日报》《光明日报》等各大报纸刊登。受当时的传媒条件限制，《启事》的发布均以纸质媒介为主。为了能达到更

1949年7月16日《人民日报》刊登的征集启事

好的宣传效果，筹备会新闻处在关于刊登《启事》发给各报社的通知中明确表示：请在贵报的最显著地位，自即日起连续刊登五天，五天以后，每间日刊登一次，直刊至八月十五日为止[1]。

① 中央档案馆编《中华人民共和国国旗、国徽、国歌档案》上卷，中国文史出版社，2014，第39页。

踊跃应征

《启事》详细地列出了国旗图案设计的注意事项，包括国旗要体现中国特征、政权特征以及形状为长方形、色彩以红色为主等一系列要求。国旗的设计权也就这样被下移到全体民众手中，任何人都可以设计出符合中国历史特色、符合自己心目中的国旗形象。

在《启事》刊发后，全国民众热情高涨，纷纷踊跃投稿。短短一个月内，共征集到国旗设计稿1920件、图案2992幅。一幅幅精心设计的图案从四面八方投递到北平，最多时一天之内就收到几百幅。投稿人来自祖国的大江南北，也有来自海外。新政协筹备会对稿件数量做了如下的统计：

北平：四一一。东北：四三五。上海：三九一。天津：一四〇。

江苏：一四五。浙江：一四二。河北：一二〇。南京：一〇七。

山东：一二八。河南：六一。武汉：六一。青岛：五四。

安徽：四七。江西：二八。山西：二九。西安：二九。

山西：二二。湖南：八。热河：七。内蒙：六。

绥远：三。香港：六三。美洲：二三。马来亚：四。

澳门：四。北朝鲜：五。印尼：三。

待解放地区：四。其他及不明地址者：二八九。

投稿人的身份极为广泛，有工人、农民、机关职员，也有大学教授、中小学教师、作家和自由职业者，还有人民解放军等。其中，人民解放军各部队机关的稿件达87件。这些稿件可以说汇聚了无数人的奇思妙想，郭沫若、陈嘉庚等人都提交了样稿，当时就连身为三军总司令的朱德都参与其中，热烈地表达着人民群众对新中国的强烈认同和拥护。

总的来说，不同的设计者出于对祖国的热爱和对新民主主义革命胜利的喜悦，设计了各式各样的国旗图案，突出我国的历史地理和政权特征这两个重要因素。在这些作品中，红色是设计者们的方案主体颜色。这不仅是由于《启事》中的要求，更是因为红色在中国的反帝反封建斗争中象征着革命和进步，而中国共产党的武装力量名为"红军"，所以红色也是中国共产党的象征色。除颜色上的趋同外，设计者们使用的图案元素也比较集中，主要有五角星、斧头、镰刀、齿轮、嘉禾以及各种色彩和线条图案等。按照图案类型可分为4类：一是镰锤交叉并加五角星，此类最多；二是嘉禾齿轮并加五角星；三是两色或三色横条或竖条组成旗之本身，而于左上角或中央置镰锤或五角星或嘉禾齿轮；四是旗面三分之二为红色，三分之一或为白、蓝、黄色，再加以红色或黄色的五角星。

　　嘉禾、镰刀、斧头是农业的符号。中国自古以来就是个农业大国，这些符号主要表达了我国以农立国、具有悠久农耕历史的传统。而新中国是以工农联盟为政权特征的，齿轮正是工人阶级的象征，很多设计者在设计中将嘉禾、镰刀、斧头和齿轮结合来表达这一寓意。此外，还有很多设计者考虑到中国的历史地理，以不同长短的多彩线条为象征，将长江、黄河等凝聚着中国历史文化和民族精神的标识元素吸纳进设计稿中。例如，张仃、钟灵、周光远共同设计的初19号作品[1]，上下为两块红色区域，中间白色区域的中心有一个红色五角星。红色即象征革命，红星是中国共产党领导的人民解放军，中间的白色则象征光明。

初19号

初8号

还有一些作品使用了大体相同的设计元素，但图案和寓意不同。如初8号作品，设计者仍是以红、白为配色，以五角星为标志元素，但将五角星的位置放在了左上角。在这幅设计中，五角星象征各个革命团体的大团结，白色象征着光明，红色象征着大地，整个旗面设计寓意着中国人民民主革命给中国带来了光明，普照着中国的大地。

另一些图稿是五角星、嘉禾、镰刀、齿轮等元素的结合。有的设计是嘉禾环抱着红色五角星；有的则是将齿轮和嘉禾组成环形，

---

[1] 国旗、国徽图案评选委员会对来自各地的国旗设计稿进行编号，"初19号"意为初选第19号。下文的"初""参""复字"含义相类似。

将五角星围绕在中间；也有的设计直接以手持斧头的形象出现在图案中央，或是将五星和齿轮聚合在一起，再将镰刀、斧头的图形嵌于其中。

踊跃应征的设计稿形式各样、含义不同，其数量之多、来源之广，充分彰显了广大民众对新中国成立的热爱之心和难以言表的喜悦之情，为国旗图案的选择提供了丰富的素材。

征集到的一些设计图稿

初步筛选

收到这么多的稿件，该如何处理，怎么评选，对于第六小组来说并不好解决。

稿件还在陆陆续续寄往北平的时候，第六小组召开了第二次全体会议。1949年8月5日，在北京饭店6楼大厅，翦伯赞、沈雁冰、郑振铎、马叙伦、张奚若、郭沫若、钱三强、田汉、欧阳予倩等到会就座。马叙伦作为组长，向大家宣布近期收稿的情况，并请大家对已收到的459件国旗稿件进行审查挑选。

会上，大家开诚布公，充分讨论。中央档案馆编的《中华人民共和国国旗、国徽、国歌档案》记录了第六小组讨论国旗稿件的精彩过程。田汉提出为慎重起见，国旗、国徽和国歌词谱均要请专家审看，而郭沫若则对此提出异议。张奚若折中考虑，认为"专家审查是专家审查，不过我们要看，最后决定还是我们。他们审查时我们不必去，专家和我们分别开会，但审查后一定要给我们看"。郑振铎和沈雁冰都同意张奚若的建议。但是聘请哪几位专家为好，则需要商量协定。郭沫若说，文学家不一定会画国旗、国徽，除文学家以外再聘请一两位见过国旗、国徽比较多，且政治理论修养高的专家参加评选工作。随后，马叙伦主持大家讨论，认为专家人数不宜过多。经商量决定，聘请梁思成、艾青、徐悲鸿为国旗、国徽评选委员会专家顾问；全部应征稿件由新政协秘书处送呈有关顾问，请他们提出意见，并交付评选委员会审阅，再提交第六小组全体会议决定。

为了加快选定国旗、国徽方案的进度，筹备会决定以8月18日至20日为选稿期，并于8月22日召开国旗、国徽评选委员会会议。

8月22日，国旗、国徽评选委员会第一次会议在北京饭店413室召开。第六小组翦伯赞、郑振铎、马叙伦、沈雁冰、张奚若、罗叔章（代蔡畅）出席，邀请的3位专家梁思成、艾青、徐悲鸿均到场参会，画家吴作人列席。

会场里摆满了各地投稿者送来的应征作品。大家看到这些作品时，纷纷感叹这些设计者的态度认真、严肃。罗叔章坦言，这些人做得非常认真，要给予表扬的。梁思成则提议"等选定后，要给全部作品开一个展览会"。郑振铎也同意，并补充说，"将来展览会时要说明，第一次选了多少东西，第二次选了多少东西"。对于国旗的颜色，梁思成想到"将来国旗的颜色要规定用哪一号，艺术家把颜色分为几百种，各有号数"。翦伯赞也说道，为求颜色一致，将来由国家制出国旗用的红布，就叫"国旗红"。只是当时国家的工业还很不发达，要实现布料色号的统一很难做到。

　　大家边审看这些作品，边结合《启事》中所确定的选择标准进行筛选。张奚若看着作品说："征求条例规定要表明政权特征，我们的政权特征是工农联盟，而工农不能画两个人来表示，只得用斧头和镰刀，所以斧头和镰刀的图案比较多；而地理特征又自然想起中国的江河来了。"郑振铎对是否将"两个星"的方案纳入备选询问大家意见，罗叔章和马叙伦都觉得"两星的不好看"。就这样在边商讨边筛选当中，初选选定16幅国旗设计稿交由第六小组再度审选。

初选第11号

1949年8月24日，第六小组第三次全体会议在北京饭店6楼大厅召开，张奚若等16人到场参会。马叙伦向大家通报国旗设计稿的初选情况，把经过初选、符合标准的国旗设计稿交由大家查阅筛选。为方便查看，翦伯赞提议将稿件"摆起吧"，于是大家纷纷离席，将初选作品摆在地上查看。

虽然《启事》中已对国旗的设计提出了基本要求，但在实际筛选中全组成员对新中国的国旗有别于苏联等社会主义国家的国旗，并区别于国民党政权的旗帜等方面，都格外留意。

翦伯赞十分赞成上下为红色、中间为白

色有红五角星的设计（如初19号），对这一设计大家纷纷开始讨论。梁思成觉得五角星应再大一些，形成适当的比例，而且五角星的位置应靠角，这样的话在无风的时候，即使旗子不飘起来也能看见五角星。郑振铎则对中间的白色不满意，认为白色在照相时没有颜色，只有孤零零的一颗星，不好看。钱三强对国旗的设计谈了自己的看法，他主张应从"徽"的角度谈国旗图案的意义，也就是国旗本身在任何地方简单化了就是一个"徽"，在任何地方看到都能知道它是代表中国。对于白底红星的设计，他说道，"这个白底红星的徽很易和别国相混，虽然国旗并不相同"。艾青也讨论道，"别国如无相同的，还是白底红圈好"。在大家讨论的间隙，郭沫若在一旁画出一个草稿，红旗上有两条蓝条和星的图案。钱三强看过提出，红色和蓝色在一起不鲜明，是否可将蓝色改成别的颜色，接着又补充道，"改黄的好看；长江、黄河都是黄的"。

大家经过你一言我一语的讨论，最后确定了基本一致的决议：

一是国旗图案中左上方留四分之一的形式虽较为美观，唯与美国及国民党之旗相似，不拟采用（如初选第3、8、5等号）。

二是为避免与苏联相似，拟不采取斧头、镰刀形式。

三是一致意见认为"初11号"较好。红、白二色分配适当，制作容易；红星在角上，旗不飘亦能看见，样式亦与其他国家并无雷同，配色美观。白色象征光明，红色象征革命政权；红星代表党的领导。

初11号修正图

参11号图案

四是为慎重起见，把复选提出可供参考的提请常务委员会审核。其号码为参1号、参14号、参15号、初4号、初2号、初16号、初17号、初18号、初19号、初20号、初5号、初8号、初3号、初22号、初23号、初24号、初25号，共17张。

五是国旗图样是从全国各方面各阶层投寄来的，足证群众心理之表现，拟在中国人民政治协商会议正式开幕后开展览会，以资奖励。应征国旗图案之整理，拟委托美术家协会办理，如展览会经筹备会核准，亦拟一并委托美术家协会办理①。

至此，经过数次的讨论和商议，第六小组已基本筛选出"初11号"为国旗设计的方案，准备向常务委员会汇报。

---

① 中央档案馆编《中华人民共和国国旗、国徽、国歌档案》上卷，中国文史出版社，2014，第89-90页。

初选第17号

1949年8月26日，筹备会常务委员会第四次会议在中南海勤政殿会议室召开。毛泽东、朱德、周恩来、林伯渠、章伯钧、谭平山、李济深等都参加了会议。这次会议的其中一个报告事项就是有关国旗、国徽、国歌征选的工作情况。周恩来对第六小组的工作表示肯定，说"第六小组，马老的成绩很大，国旗收了一千多件"。马叙伦按照既有的筛选结果向常务委员会汇报，提到大家意见比较一致的图案，旗子三分之二为红色、三分之一为白色，左上角有一颗红星，比较符合要求。

不过，此次会议对国旗图案并没有讨

论，只是传阅了一下。当时陈嘉庚并未在场，他在得知第六小组初选的是"初 11 号"作品后，表示不认可。他考虑的理由有 3 点：一是该形式与印尼的国旗相似，只是印尼国旗没有星，我们增加一星；二是上头的白色，在太阳底下看不见；三是没有表示工农联盟之意。他认为，国旗最好用中国式的斧头、镰刀和星的图案，而且红旗绝不能配其他白、黄等色条，这种色条容易使人误解为革命不彻底。况且在《启事》中已经明确要有表示工农联盟的意义，而现在却一律不采用有斧头、镰刀或其他表示工农联盟的图案，有悖民意。有关镰刀、斧头元素的设计。郭沫若向其解释，不采用斧头、镰刀，是怕与苏联国旗相似等原因。不过，陈嘉庚仍坚持自己的观点，表示若有此原因可在报上说明，再征求一次，此次会议不决定国旗，等以后再决定。他自己还画了一个包含斧头、镰刀、星的图案交给马叙伦。

　　大家的意见不一致，国旗的图案尚无法确定。随着开国大典时间的临近，国旗图案筛选工作的时间也越来越紧迫。正是踌躇之际，一份由 5 颗五角星组成的国旗设计图案从江南寄到了北平。田汉拿起这个图案说，"依我看，这个设计是不错的"。评审委员会也认为，这个图案有新意、美观、大方、简洁，但也有不妥之处，即大五角星中不必出现锤子、镰刀。负责国旗图案征集的第六小组秘书彭光涵根据大家讨论的意见，将设计图案上大五角星中的锤子、镰刀删去，其他部分未作任何修改。图案的作者是上海的一名普通职员，名叫曾联松。彼时他还不知道，他的这幅作品即将迎来它最为荣耀的时刻。

9月14日，第六小组召开第四次全体会议，继续商议筛选国旗事宜。会议主席马寅初开门见山，向大家传达：上次全体选出的"初11号"颜色不好，在太阳光下看不见，不采用了。毛主席与中共中央看了看这些国旗图案后，觉得"初17号"好，但发现一条黄线把革命阶段分截开了，遂请艾青将图案之黄线改了一下，制成新图案。关于工农联盟的图案元素，马寅初转达毛泽东的意见：国旗上不一定要表明工农联盟，国徽上可以表现。就这样，讨论的重点落在"初17号"图案上。对于陈嘉庚提出的"初17号"是否完全符合征求条例等问题，马寅初解释道，星代表共产党的领导，可以代表政权，符合征求条例；黄线代表黄色人种，代表黄河，代表统一战线。郭沫若和张奚若都主张征求条例不应照本宣科，徐悲鸿则关注星和线条的比例与位置问题。

马寅初提醒大家，国旗必须在中国人民政治协商会议大会上提出来讨论通过，并且还要先提交常务委员会修改。常务委员会9月17日要开会，所以今天在小组会上要做决定。小组决定后要印成小册子发给政协全体代表分组商讨，以第六小组组员为召集人，毛主席也觉得这样做比较好一点。另外，马寅初还通知大家，第六小组选出的图案会在新闻上发表，让全国人民知道国旗的图案，而且征求的图案也要选出比较好的以备展览。

围绕这些商讨的主题，大家讨论的话题回到"初17号"上。沈雁冰、李立三都表示同意"初17号"作品，郑振铎则补充说"初11号可以作为第二选"。就这两种图案，马寅初组织大家投票表决，结果是"初17号"作为一选得7票，"初11号"作为一选得4票。国旗图案的比例需艾青修改，并在筹备会上提出。

经过反复商量，会议对国旗图案达成一致决议：

一是选出国旗图案"初17号"与"初11号"之修改图及国徽图案两张，供常务委员会参考；

二是把来稿中较好的图案印成小册子，分发给中国人民政治协商会议全体代表，并分组商讨之，以第六组为召集人；

三是推选田汉、郑振铎、艾青、徐悲鸿、贺绿汀整理图案，选出较好的设计稿以备印成小册子，由田汉负责召集之；

四是推选艾青、徐悲鸿、贺绿汀设计国旗线条比例与国徽的配色；

五是列出14个国旗图案放在大会休息室；

六是国旗确定后，把所有应征稿件在中山公园陈列以供展览。

38幅复选方案

1949年9月17日，筹备会第二次全体会议通过决议，将国旗、国徽、国歌的制定工作移交中国人民政治协商会议第一届全体会议，并由第六小组向全体会议主席团提出报告。根据决议，第六小组从国旗应征稿件中选出共38幅编印成《国旗图案参考资料》，分别以"复字第1号"至"复字第38号"顺序编号，提交全体会议代表审阅。其中，复字第1、2、36、37、38号为"初17号"的修正图，复字第4号为"初11号"的修正图。而曾联松设计的"复字第32号"已将大五星图案中的镰刀、锤子图案去掉。

复字第36号　　　　　　　　　　　　复字第37号

可以说，在38份设计稿中，每一件作品都有着浓重的中国特色，都是极其优秀的，它们大都以五角星、镰刀、锤子等有着明显的社会主义性质以及人民解放军传统形象点缀其上。

9月21日，中国人民政治协商会议第一届全体会议召开。第六小组在给主席团的报告中对38幅设计稿进行了分类评价。38幅复选方案的设计者大多是赫赫有名的政治家和艺术家，如中国人民政治协商会议会徽的设计者张仃、钟灵参与了复字第9、12、13、15、24、27号方案的设计工作；时任鲁迅美术学院院长的吴玉章参与了"复字第23号"方案的设计；著名画家萧淑华、阳太阳、莫宗江也

《国旗图案参考资料》

有设计方案在内。此外，朱德作为国家领导人参与设计了"复字第15号"方案，时任第四野战军后勤部参谋长的罗文设计了"复字第7号"方案，第六小组组员郭沫若参与设计了"复字第10号"方案，作为设计顾问的艾青则参与设计了"复字第21号"方案和其他几个方案的修改。"复字第32号"方案，也就是最终选定为新中国国旗的方案，是由曾联松设计的，他当时是上海市合作总社调研科科长。

会议召开的第二天，第六小组紧急召开全体会议，讨论国都、纪元与国旗事宜。这次会议除了北平市军管会主任叶剑英因事务缠身缺席外，其他人员全部到会。会议的其中一项决议即国旗拟采用"复字第3号"或"复字第4号"方案。

国旗图案复字第 1、2、3、4 号

1949年9月24日《人民日报》的报道

中国人民政治协商会议席位一角

9月24日，《人民日报》就中国人民政治协商会议全体代表分组讨论国旗及国徽图样的消息做了专门报道，向全国人民做了汇报。报道称：各组认为其中第一图较好且可供参考的有112人，认为第二图较好且可供参考的有77人，认为第三图较好且可供参考的有185人。这3幅国旗草图，都是红底、黄星，加一黄条。

距离开国大典的时间只剩下短短几天，向公众公布国旗图案的日子迫在眉睫。可是，虽然大家已经从2000多幅图案中选出较具代表性的图案，国旗的象征元素也有了大体眉目，但是针对图案的细节、分布和比例，仍有很多不同意见。

在全体代表分组讨论中，诸位代表对国旗图案的甄选讨论热烈。这些讨论都被记录在《中华人民共和国国旗、国徽、国歌档案》中。有关复字第1、2、3号黄条的位置，代表们提出很多不同的方案。如有人提出，"复字第3号"将"革命分开"，不妥；"复字第1号"中黄色的堆砌重复，不如"复字第2号"黄条未尽在星下显得平衡。许广平提议黄条应移至星的右侧，可解除黄条不贯穿的疑问。田富达主张将黄条缩短，并置于星的下方，避免割裂的偏向。刘善本提出的方案则与许广平的类似。对于黄条位置的争论，吴藻溪给出了自己的想法。他在参加完讨论后给周恩来写了一封信，提出大家都觉得在整体上画一条横直线，无论这线的起点和终点到头与否，都不免引起一种分裂的直觉。何况民间早有"黄河为界"的既成印象。对于"黄条"图案不甚满意的人为数不少，"他们觉得这旗中这一条子有些小气，且像一个棒棒"。

许广平提议的示意图　　田富达提议的示意图　　刘善本提议的示意图

　　除讨论比较集中的"黄条"位置外，对于国旗中黄色的意义，大家也有不同的看法。大部分代表认为"黄色象征中国人为黄种人"应删去，因为以肤色来分人种是不科学的。有不少代表支持"黄色可象征中国经济文化历史发源地之黄河"的说法，但也有人

提出异议，认为这种看法忽略了长江、珠江等其他主要河流。有人提议黄色可解释为庄严与和平，表示统一战线。

　　至于曾联松的"复字第32号"，在分组讨论中只有胡厥文、李烛尘、雷荣珂等15人同意采用，并建议4个小星可以略向下移动些。不过，事情很快迎来转机，让"复字第32号"脱颖而出，成为最终的方案。

第四章

「复字第32号」和它的主人

距离开国大典的时间越来越近，但在国旗的复选方案中有关黄条元素的位置、意义和必要性还有诸多分歧。大家似乎一直在『以黄条代表黄河』的设计上踌躇不定。那么，这个分歧是如何解决的呢？『复字第32号』又是如何被认可的呢？

复字第32号

1949年9月25日晚8点，国旗、国徽、国歌、纪年、国都协商座谈会在中南海召开，毛泽东、周恩来、郭沫若、沈雁冰、黄炎培、陈嘉庚、张奚若、马叙伦、田汉、徐悲鸿、李立三、洪深、艾青、马寅初、梁思成、马思聪、吕骥、贺绿汀出席。毛泽东首先发言："过去我们脑子老想在国旗上画上中国特点，因此画上一条，以代表黄河，其实许多国家国旗也不一定有什么该国家的特点。苏联之斧头镰刀，也不一定代表苏联特征。英、美之国旗也没有什么该国特点。我们这个五星红旗图案（毛泽东拿着五星红旗指着说）表现我们革命人民大团结。现在要

国旗图案 "复字第32号"

大团结,将来也要大团结。因此现在也好将来也好,又是团结又是革命。"①

毛泽东讲完,大家纷纷鼓掌表示赞同。陈嘉庚回应道:"我从东北回来就很关心国旗问题,我完全赞同毛主席讲的第32号图案。"梁思成也觉得第32号图很好,与军旗也不会相差很大,多星代表人民的大团结,红色代表革命,表示革命人民大团结。其他与会者也纷纷发言,一致赞同以"复字第32号"五星红旗的图案作为国旗图样,并鼓掌通过。次日下午3点,国旗、国徽、国歌、国都、纪年审查委员会第一次会议在北京饭店东餐厅召开,决定拟采用"复字第32号"为国旗,诸代表一致认为该图庄严、美观、简洁、易制,

---

① 中共中央文献研究室编《毛泽东年谱(1893—1949)(修订本)》下卷,中央文献出版社,2013,第580页。

且又合乎征求条件，故同意采用，并修改其说明：红色象征革命，星象征中国革命人民大团结。

9月27日，在中国人民政治协商会议第一届全体会议第六天的大会上，632人在中南海怀仁堂参会，一致通过中华人民共和国国旗为五星红旗，其象征中国人民大团结。此次会议形成了4个决议草案，其中有关国旗的规定为：中华人民共和国的国旗为红底五星旗，红色象征革命，五颗黄星象征中国革命人民大团结。国旗方案最终定稿，会场上响起了经久不息的掌声。

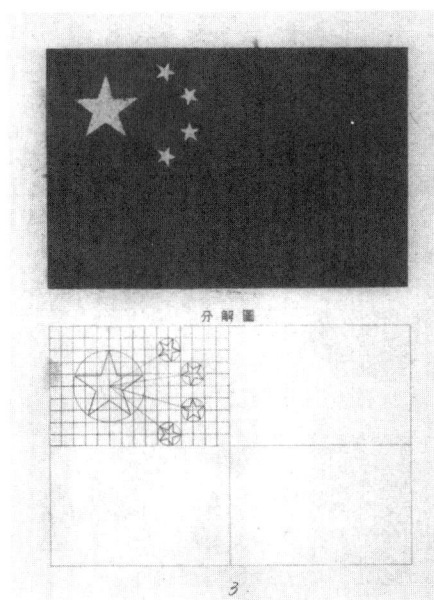

国旗制法图案

1949年9月28日《人民日报》报道《国旗国歌及纪年均已确定》

9月29日，远在上海的曾联松手捧刊登了中国人民政治协商会议第一届全体会议通过的有关国旗决议的上海《解放日报》，心潮起伏，热泪盈眶。这天的《解放日报》上，刊印着正式通过的五星红旗图案。虽然那时他还无法确定这是不是自己的作品，但内心的激动和诧异仍难以名状。

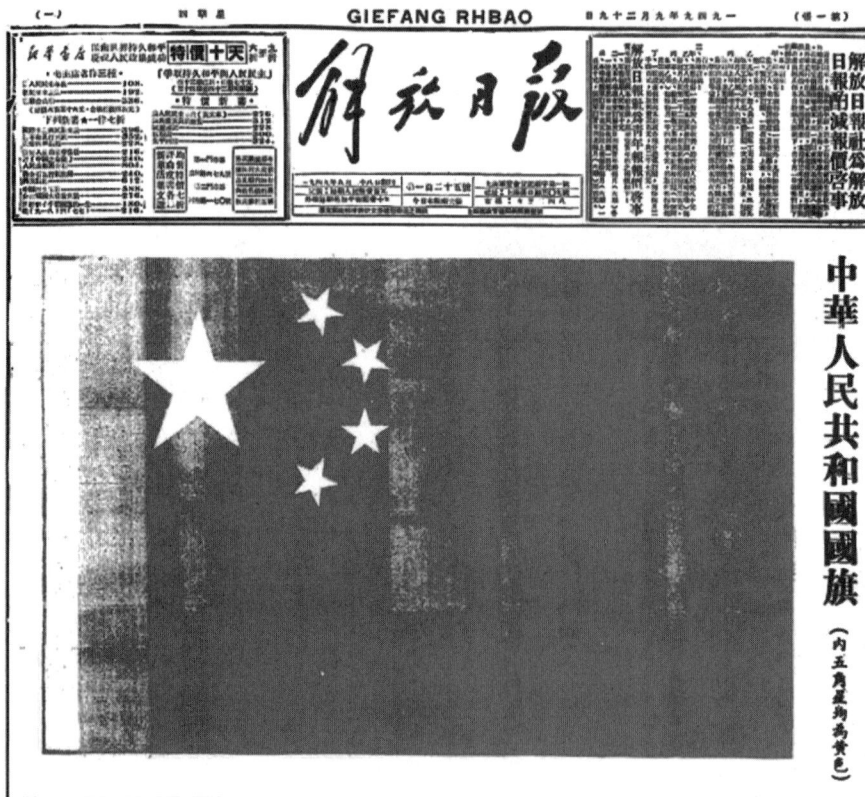

1949年9月29日的《解放日报》头版

1949年10月1日，毛泽东等党和国家领导人登上天安门城楼。毛泽东按下电动按钮，升起了新中国的第一面五星红旗。此后的每一天，天安门广场上都会升起五星红旗，见证着"中国人从此站立起来了"，也凝聚着所有中国人对祖国的无限敬爱。

从这一刻起，曾联松的名字与五星红旗彻底联系在一起。

曾联松是谁?

在浙南小城瑞安,有一个曾联松广场,广场的花岗岩的基座上有一座半身铜像。铜像中的人戴着眼镜,目光深邃而坚定,斜仰着头,似是在构思那面神圣的旗帜,又似是在眺望那面旗帜带给亿万中华儿女的灿烂光芒。人们用这种方式将他记在心里,他就是中华人民共和国国旗的设计者——曾联松。

五星红旗,这面让人难掩心中澎湃的旗帜,很多人会以为如此美妙的设计应是出自一位才华横溢的艺术大师之手,或是出自一位德高望重的美术大家之手。实则不然,它的设计者——曾联松,并不是艺术家,也不是美术家，而是一名普普通通的职员。在曾联松的铜像侧面有一段介绍文字：

曾联松（1917—1999），1932年从瑞安中学毕业，1936年考入中央大学经济系。1944年至1946年任瑞安中学教师。1949年7月，响应筹备会征集国旗图案的号召，设计了五星红旗图案。1949年9月27日，中国人民政治协商会议第一届全体会议一致通过五星红旗为中华人民共和国国旗。

曾联松曾说"一得之愚献祖国，五星旗海壮山河"。是啊！五星红旗是曾联松的一次激昂之作，也是他一生的无上荣光。

1917年12月17日，曾联松出生在浙南小城瑞安。这里没有北方的磅礴壮阔，而是尽显江南水乡的温婉如玉，山清水秀。曾联松的家就是这里的一户书香门第，虽算不上殷实富足，但也衣食无忧。曾联松的祖父曾叙卿是小城里的老中医，在当地颇有名望；父亲曾宇人曾在杭州湾海塘水利工程处工作，是一名水利工程技术人员；母亲出身名

青年时期的曾联松

门，识得些许字。在这样的家庭环境和良好的家教下，加之从小就浸润在故乡千年文脉中，曾联松喜好诗书，忧国为民。

1932年，曾联松从瑞安中学毕业后考入江苏省立南京中学高中部。时值家国存亡之际，他和同学们慷慨激昂地走上街头，积极参与抗日爱国运动。"天下兴亡，匹夫有责"，是他写得最多的游行标语。几年后，怀揣报国之心的他考入中央大学经济系。随着抗日战争全面爆发，中央大学不得不迁往重庆，曾联松愤而写下《负笈入蜀》：

国破山河异，人亡四海忧。

烽烟燃大地，血泪染卢沟。

天下兴亡责，匹夫赴同仇。

溯江正负笈，直上险滩头。

1938年，曾联松加入中国共产党，积极从事地下活动，担任中央大学学生地下党支部书记。后来他几经辗转，回到了浙江，在瑞安中学担任历史教师。抗日战争胜利后，在同学勇龙桂的邀请下，曾联松来到上海，在上海地下党领导的秘密经济新闻据点——上海现代经济通讯社工作。不久，他住到华山路466号的"现代经济通讯社"职员宿舍，把妻子项佩瑜、大儿子也接来同住。

他们所住的职员宿舍不大，一家人挤在一个小房间里，楼上还有一处破旧的小阁楼。在这个小家里，曾联松有爱人的陪伴，有孩子承欢膝下，心里十分温暖。1949年5月，随着上海的解放，他所在的通讯社也完成了自己的历史使命，而曾联松那份对国家、民族的赤诚和热爱之情，依然蕴藏在心底，等待着祖国的召唤，随时准备着为祖国和人民贡献自己的力量。

山河破碎，战乱纷争。在那样动荡的年代里，曾联松和其他千千万万的爱国人士一样，怀揣着赤子之心，热血激昂，无时无刻不在向往着报效祖国。正如同窗在《江苏省立南京中学廿五秋级毕业纪念册》上对他的评价：

曾君联松，性刚毅，不为威武所屈……君于国事，尤其关怀，满腔热血，常欲效用沙场。激昂慷慨之气，令人望之折服……

祖国的召唤

1949年6月16日，筹备会常务委员会第一次会议，确定"拟定中华人民民主共和国国旗、国徽及国歌之方案"为重要筹备内容。7月14日至8月15日，《人民日报》《新华日报》《解放日报》等多家报刊在显著位

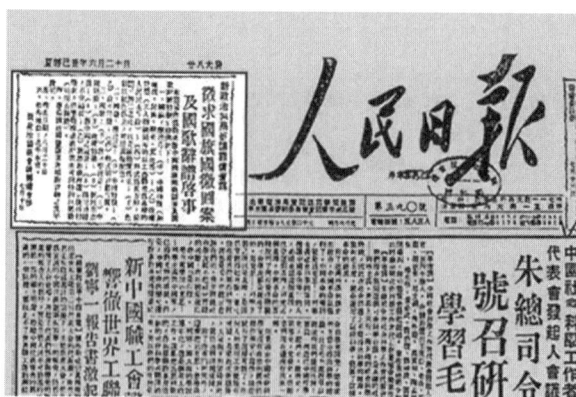

《人民日报》刊登的国旗图案征集启事

置刊登了《征求国旗国徽图案及国歌辞谱启事》。

曾联松在《解放日报》上看到这则消息以后，难掩激动的心情，心中燃起无限的热情。想到新中国即将诞生，黑暗终于过去，黎明已经来临，旭日即将东升，抚今追昔，实在情难自已。他去找自己当年的学生何仲麟借了一个圆规，并穿街走巷，到一家纸张店买来了一大捆彩色油光纸，抱了个满怀，兴冲冲地回家，着手设计国旗。后来，他回忆说，"我不是艺术家，也不是从事美术设计的，当时之所以不自量力度德，亦不计工拙，想到去设计国旗图案，实在是一种欢呼新中国诞生的喜悦，一种热切爱国的激情使然"①。

曾联松反复读着征集启事里的内容，其中对国旗设计的四项要求，他烂熟于心。一是中国特征（如地理、民族、历史、文化等）；二是政权特征，工人阶级领导的以工农联盟为基础的人民民主专政；三是形式为长方形，长阔之比是三比二，以庄严简洁为主；四是色彩以红色为主，可用其他配色。然而，怎样才能把这些要求都体现在设计里呢？如何才能用图形、符号来表现中国特征、政权特征如此种种呢？即使对于专业的设计人士来说，全面体现这些要求都并非易事，更何况曾联松只是一个普通职员。曾联松苦思冥想，常常夜不能寐。

---

① 王庚南编著《中国的国旗、国徽和国歌》，人民出版社，1987，第17页。

7月酷暑里的上海，热浪袭人。那段时间，曾联松每天下班以后就把自己关在阁楼里构思。没有电风扇，更没有空调，在这闷热的小阁楼里，曾联松只穿着背心短裤。他抹了一把额头的汗，往地上甩了甩。他抓起一把蒲扇，使劲地扇了扇，仍是热烘烘的。他在阁楼里画图案、拼画面，剪剪贴贴制作国旗草稿，就连吃饭也是妻子三番两次地催促才肯下来。以至于年幼的儿子都对妈妈说："要不要带爸爸去看看病。"曾联松在回忆时说道："当我一进入具体构思，便感到这不是易事，十多天里时而浮想联翩，时而伏案涂画，废弃的图纸有一大堆。"妻子到了阁楼，见满地被剪碎了的油光纸，便拿扫帚轻轻地扫到畚箕里。

曾联松日思夜想、伏案描摹，仍找不到合适的设计立意。他知道，一个准确、贴切而深刻的立意是设计的关键。一时间曾联松陷入了焦灼。

立意的突破

"盼星星，盼月亮，盼来了中国共产党……"

有一天，曾联松听着窗外的沪剧唱词突然获得了灵感。是啊！中国共产党不正是中国人民的大救星吗？对！就是星星！他当年在重庆做地下工作时，偷偷阅读过埃德加·斯诺的《西行漫记》。红军战士帽檐上的那颗红色五角星，给他留下了深刻的印象。表达内心感受的象征物，这下子终于找到了！

曾联松先剪出了一个大的五角星，象征伟大的中国共产党。大星之后的小星，应该是几颗呢？他想到了毛泽东在《论人民民主专政》一文中指出人民包括4个阶级：工人阶级、农民阶级、城市小资产阶级和民族资产阶级。他就决定以4颗小星象征广大人民，人民紧紧地环绕在中国共产党的周围。他还把五角星设计为黄色，这不仅与象征革命的红色旗面相协调，而且表达了中华儿女黄色人种的民族特征。问题在于，旗面上怎么布局才合理，才有美感呢？曾联松曾回忆道："就五星的安置来说，设计时颇费推敲。"

一天晚饭后，曾联松走出家门，独自一人在霓虹闪烁的上海街头漫步，一边走一边想着国旗图案的设计。走着走着，不经意间，他仰望漫无边际的苍穹，多好的夏夜啊！只见那闪烁的北斗星周围，群星璀璨，煞是壮观！看到这一景象，他似乎从中得到了启发，匆匆赶回家，钻进阁楼，伏案创作。他把五星挪向旗面的左上方，则豁然开朗，似闪闪星辰，高悬苍穹。这样一来，五星的布局就带有向外伸展的放射作用，整个旗面犹如千里之广，天地异常寥廓。在视觉上非常开阔，有居高临下之感，仿佛使人看到了星光映照大地，灿烂辉煌。

曾联松还设计了每个小星的中心点都通过自己的一个星尖，跟大星的中心点连成一线，表达亿万人民心向中国共产党，更加突出全国人民紧密团结在伟大的中国共产党周围这一特征。这一设计平稳和谐，又气势磅礴。

终于完成了设计，曾联松高兴得手舞足蹈，他感觉"整个图案庄严而显华丽，简洁而不单调，雍容而具气势，明朗而不萧疏"。他后

曾联松设计的国旗稿

来总结道，五星红旗的设计考虑到了"简与繁""小与大""宾与主""静与动""长与宽""红与黄"6种特点。他以一种江南文人的诗性浪漫，用中国传统书画的笔墨技法来诠释五星红旗那动人心魄的美：

简与繁："浓绿万枝红一点，动人春色不须多。""敢云少少许，胜人多多许。努力作秋声，瑶窗弄风雨。"正所谓"繁难简更难"，五星的构图做到了以简胜繁，以少胜多。如果把众多特征逐一罗列出来，未免过于繁复，冲淡了感染力，难以显示出庄严简洁。

小与大："竖划三寸，当千仞之高；横墨数尺，体百里之迥。"正所谓"物小蕴大，意趣无穷"，画面所截取的景物虽是局部的，但人们可以联想到画面以外的无限景物。五星所形成的椭圆形，为祖国疆土之意，旗面尽管有限，但联想空间十分广阔。

宾与主："主峰最宜高耸，客山须是奔趋。""立宾主之位，次定远近之形，然后穿凿景物，摆布高低。"五星中的大星与小星，当然不能完全指代现实生活中的宾主关系，但具有顾盼呼应之情，协调和谐之趣。

静与动：五星安置于左上角，昂角起升，静中寓动，有山安泉注之感，使视野开阔，咫尺之内，觉千里之遥。

长与宽："丈山尺树，寸马分人"是指比例关系。旗面呈长方形，五星体呈椭圆形，两者分别向左右舒展，取势协调。五角星、椭圆形和长方形相结合，使内在联系紧凑，在整体中取得统一，给人完整、饱满的感受。

红与黄："日出江花红胜火"，红色使人联想到火，表达庄严热烈、丹心赤诚。"满城尽带黄金甲"，黄色表达优美、温和、珍贵。用旗面的红色象征革命，用五星的黄色象征光明。

设计完成后，曾联松制作了两份五星红旗图案稿，一份保留在家中，一份郑重地寄给筹备会。他在《我设计五星红旗》的自述体文章里回忆："我将它小心翼翼地装入信套，立即投递给新政协筹备会。此时已是8月中旬。不久，我被组织上安排到华东供销合作社事业管理局去工作。工作伊始，庶事草创，整天忙于事务，投稿一事便不放心上了。"

北京来的公函

　　1950年9月，北京的阳光和煦，秋草渐
黄，枫叶微红，像打翻了的调色盘，五彩斑
斓地浸染着这座伟大祖国的首都。此时，曾
联松因公到北京出差。他刚到酒店住下，门
口就有人敲门。他有些意外，会是谁在他刚
到北京就来找他呢？曾联松把门打开，迎来
两个陌生人，对方客气地介绍自己是政协
的。他热情地将两位同志迎进屋里，心里揣
度着：当初他设计的国旗图案是寄给筹备会
的，政协来人，难道是与国旗图案的设计有
关？果然，来人询问了曾联松关于国旗图案
设计的情况和投稿经过，问得十分详细、具
体，还做了记录。这件事让他心生雀跃但又

夹杂着疑虑和忐忑。就这样，曾联松完成公务后就从北京回到了上海。

这一天是9月27日，曾联松收到一封从北京寄来的公函，邀请他参加国庆一周年庆典活动。来函附有一份红色的观礼请柬、一份绸质的观礼证。观礼证背面贴着一张手写电话记录单，内容为：请协助通知五星红旗设计者曾联松，经政务院领导批准，请他在本月

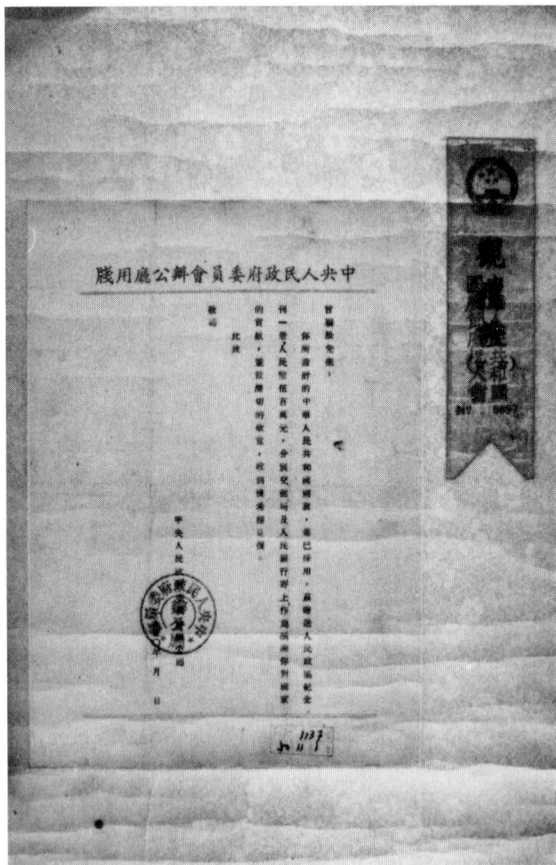

曾联松收到的1950年国庆观礼证和中央人民政府委员会办公厅公函

29日上午去北京参加国庆活动，并请代买车票或飞机票。动身时，电话告诉全国政协秘书处办公室，以便派车去接。

曾联松激动地看着这份请柬和观礼证。他的心愿实现了！此时，距离曾联松投稿的日子已经过去了13个半月，迟来的喜悦依然令他心跳加速。一个人，一个普通的人，能够为伟大的祖国设计国旗，还有什么比这更值得光荣和自豪呢？他曾对人说："我的设计方案幸运地被选中了，这只是我对祖国表达的一份心意，但党和人民由此给了我崇高的荣誉。"为此，他作诗《入选吟》纪念这终生难忘的经历：

和璧混沌璞未开，幸有玉人琢剖才。

推敲图案三千幅，五星红旗入选来。

新中国成立一周年的庆典上，曾联松佩戴着观礼证，登上天安门观礼台。观礼证是长条燕尾状的飘带，顶端有国徽图案，中间为黑色字体写的"观礼证"3个大字，并盖上"中华人民共和国国庆庆祝大会"红印。曾联松的观礼证为97号，他也正是在观礼台右侧的第97号座位上，目睹由他设计的五星红旗在天安门上空冉冉升起。那一刻，曾联松感慨万千，诗情涌动，写下《七律·咏五星红旗》：

　　耸立高楼高阙巅，天安门上舞翩翩。

　　袂连桃李花烂漫，袖拂云霞彩万千。

　　霹雳晴空竞震扰，滂沱冷雨更相看。

　　冰霜不减嫣红色，路转峰回见新天。

　　参加完国庆观礼活动回到上海，曾联松仍然沉浸在幸福之中。11月1日，他又接到一封从北京寄来的公函，具体内容是：

曾联松先生：

　　你所设计的中华人民共和国国旗业已采用。兹赠送人民政协纪念刊一册，人民币五百万元，分别交邮局和人民银行寄上，作为酬谢你对国家的贡献，并致深切的敬意，收到后希即见复。

　　此致

敬礼

中央人民政府委员会办公厅

一九五〇　十　卅一

　　500万元是20世纪50年代的旧币，相当于20世纪80年代的500元，是一个熟练技术工人一年的工资。曾联松用这笔钱给妻子买了一块手表，余下的全部买了粮食。他把这封公函和纪念刊用心珍藏了起来，每到国庆就拿出来独自欣赏。不管过去多久，每次看到国

旗，他的心里总是那样的激动。他在纪念刊的扉页上亲笔题下一首
七言诗《赴京观礼》：

乘风秋日走燕台，香拥红旗桂蕊开。

巧夺天工遗玉宇，叨陪盛典萃英才。

霞帔牛斗留诗去，铠甲山河入画来。

更喜月明燕赵夜，高歌万户一新醅。

捐赠传家宝

曾联松从北京返回上海，就工作去了。他在岗位上默默工作，不事张扬，既没有到处活动去展示自己，更没有开大会去宣讲什么功绩。他从不以"国旗设计者"自称，周围许许多多的人几乎不知道或忘记了他"国旗设计者"的身份。

有一次，一名商人找到曾联松的小儿子曾一明，说："想借用曾老名字作店招，开一家'曾联松旗帜商店'，不要曾家投资一分钱，赢利分成。"但曾联松没有同意，这家商店最终也没开成。曾联松对这些名利很淡然，但对于党和国家的赤子之心从未改变。

早在1940年2月，曾联松接到紧急转移的通知，连组织关系都没来得及转移就匆忙离开了重庆，从此与党组织失去了联系。新中国成立后，曾联松开始重新申请入党，退休后也依然继续申请。1985年11月，已经68岁高龄的曾联松，终于被批准重新入党，经上级党委批准，他作为特例不再需要预备期，从重新入党那天起就是正式党员。但这时，他已经二次中风，走路都不太方便了。

1986年2月，曾联松收到一封来自中国革命博物馆（现为中国国家博物馆）保管部的来函，来函希望能将他收藏的国旗设计原稿作为革命文物收藏在馆，并提到若有什么要求也可详细说明。只是，病中的曾联松并没能及时处理。5个月后，曾联松特地向中国革命博物馆回信，表达歉意，并表示完全同意将国旗设计稿作为革命文物收藏在馆，别无他求。这封信为曾联松用毛笔所写，言辞谦虚、文墨雅致，字体洒脱利落，颇有风韵。曾联松的回信照录如下：

中国革命博物馆保管部：

今年二月五日承寄一函（革保第11号）直至最近才见到，迟覆（复）为歉。

原因是我春间住院疗养，单位里同志盼我绝对静养（中风症），所以拒绝记者等访问。对信函亦暂作保留。不料忙中有错，竟夹在其他文件中，忘记交出。直到最近清理时才发现此信。匆忙送来，但已耽误半年之久。□你抱歉，遂请见谅。

关于国旗设计页稿（大星中有镰刀锤子的），你部拟作革命文物收藏，我完全同意。请你部安排处理是荷，我亦别无要求。

我多次患中风病，经安心疗养，现已逐渐康复，幸勿为念。专此奉覆（复），幸谅草之。

即祝安好。

曾联松

一九八六年七月十日

于上海

这次联系之后，双方虽对捐赠之事已达成共识，但一直没能落实。直到1994年，正值新中国成立45周年之际，当时的中国革命博物馆正筹备"当代中国"大型历史陈列展。为此，中国革命博物馆陈列部的王先娥，还有保管部的张德钟和贺秦华，3人出差到南京、上海等地，商谈展览及收集馆藏事宜。因他们早年已与曾联松通过书信，这次则专门到曾联松家里拜访。

5月23日，曾联松接到电话，对方说明了来意，他很爽快地答应了来访，约定第二天下午在家里见面。

此时的曾联松已经77岁，与夫人项佩瑜住在上海虹口区山阴路145弄6号3楼的一间旧屋中。那是一栋木结构的老式楼房，扶着吱吱响的楼梯，上到3楼，一间房和一个阁楼，就是曾联松的家了。

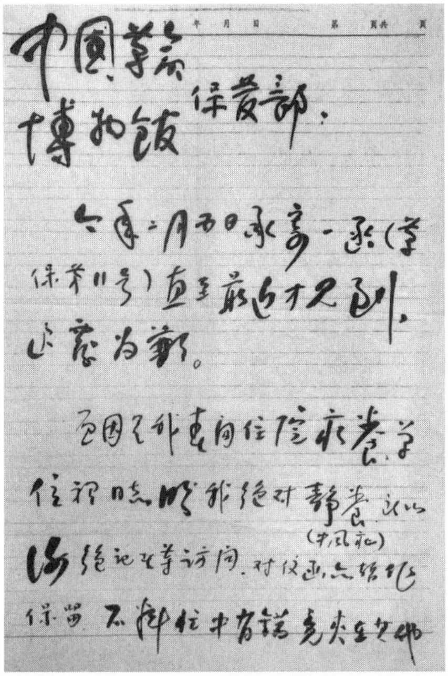

中国革命博物馆保管部：

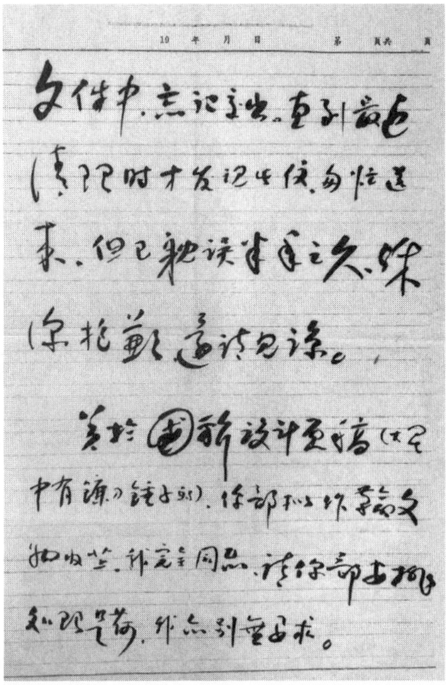

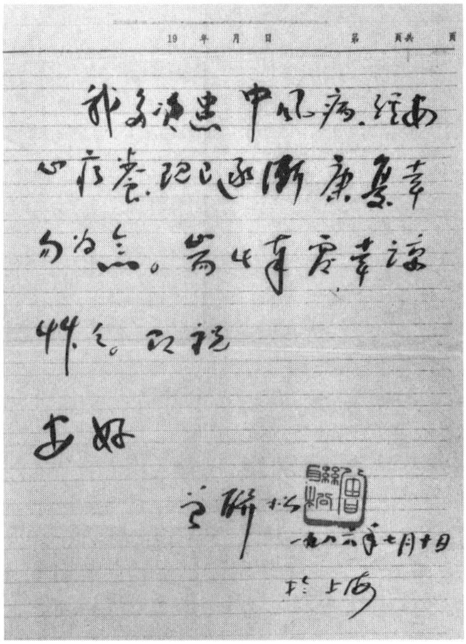

安好

曾联松

一九八六年七月十日

于上海

曾联松寄给原中国革命博物馆保管部的回信

房间总共26平方米，小且简朴。屋中摆着老式木床，旁边是旧的矮柜。窗边有一张老旧的写字台和两把坐旧的藤椅；桌上的石砚和笔架上吊挂着的各种毛笔，显示出这里的主人颇为喜好文墨。等双方见了面，曾联松和夫人热情地接待王先娥等3人，并亲切地跟他们聊了起来。

王先娥等3人聊起这次来访的意图，向曾联松介绍了中国革命博物馆的性质、文物保管状况和国家文物政策，并提到按照展览的设计需求，希望征集收藏国旗设计原稿，并向他借展由他收藏的"中央人民政府委员会办公厅为赠送国旗设计者奖金给曾联松的公函""国庆观礼证"。曾联松极为珍视这几样东西，并不轻易示人。

据张德钟回忆，曾老当时从床底的箱子里拿出珍藏多年的国旗设计原稿给他们看。这是一份用红色蜡光纸做底裱（8开大小），在左上角用黄色的蜡光纸剪贴一颗大五角星（在大五角星内剪贴有镰刀、斧头），大五角星周围有四颗小五角星的稿件。曾老一边给他们看这份他设计的国旗图案原底稿，一边又给他们展示

1950年11月1日中央人民政府委员会办公厅给他的公函。曾老将这封公函和观礼证托裱在了一起收藏。

张德钟几人感叹这些珍贵的文物能保存下来实为不易。曾老回应道：这些东西能保存下来的确不容易。在中国革命博物馆的3位专家来之前，也有许多单位或同志向他求要，有档案馆的，有政府部门的，还有亲戚朋友等，曾老都一一婉拒了。他说这些珍贵的东西舍不得轻易拿出来，更舍不得随意奉送。

曾老给王先娥等3人展示了这些珍贵的藏品后，随即语重心长地说："其实设计国旗不能说是我一个人的功劳，这是集体智慧，经过全体政协委员，国家领导的集体讨论，并作了修改，使整个图案更简洁、主题更突出……传家之宝，不如传国之宝。今年我七十七岁，我是二十世纪人物，跨世纪可能性小，全国之宝，传国家能保管使用好，我一生就交待（代）给了历史。经过我的考虑，还是应该把这个材料贡献给国家。"[1]

---

① 中国国家博物馆藏品档案，编号GB77459。

为了留下珍贵的记忆，王先娥等3人请曾老拿着他设计的国旗图案原底稿，在他室内的写字台前，拍下了这张永恒的纪念照，并代表中国革命博物馆真挚地感谢曾老对国家的无私奉献。

曾联松与他设计的国旗图案原底稿

回馆后不久，王先娥等3人就收到了曾老寄来的信，并附诗一首：

王、张、贺三位女将：

此次形色匆匆，接待不周，幸功德完满后会有期。聊写几句，以表送行之意，还请指正。

曾联松

94/5/27

拙作一首，附后。

"当代中国"展，迎祝国庆时。

辉煌呈一览，华夏显英姿。

系统完整色，资料费人思。

原稿似云缺，求索在今兹。

谁获传家宝，繁此玉树枝。

曾联松匆匆草此[①]

随后，曾老还主动联系中国革命博物馆的征集人员，表示愿意将本是借展的中央人民政府办公厅给他的公函和他保存的1950年国庆观礼证一并捐赠。一个多月后，中国革命博物馆正式向曾联松颁发了"捐赠文物证书"，并按他的意愿将文物原样复制了一份，留给其家庭成员看看。

中国革命博物馆捐赠文物证书

① 中国国家博物馆藏品档案，编号GB77459。

祖国不会忘记

1999 年 10 月 19 日，一个秋雨绵绵的日子，曾联松的生命走向终点，享年 82 岁。时间如江河流逝，这时距离他设计国旗已过去整整半个世纪。曾联松一生与祖国同呼吸、共命运，正如他给长子的一封信中的回顾，"自念一生坎坷，书剑无成，贡献很少，报国不多，每临清苦能'信念'不移。值此国际风云多变，幸中华自强，国运亨通，柳暗花明，经济振兴，令人欣慰"。

曾老离开了，但祖国人民始终没有忘记他为设计国旗所作出的贡献，曾联松的名字将永远记录在中华人民共和国的光辉史册上。因瑞安是国旗设计者曾联松的故乡，瑞安人对国旗有着特殊的感情。每年国庆节期间,瑞安外滩曾联松广场总是人山人海,市民自发地参加在曾联松铜像前举行的隆重的升旗仪式,以这种方式表达对他的特殊感情,对伟大祖国母亲的美好祝福。

"一旗、一人、一馆、一城。"2019年,在喜迎新中国成立70周年之际,瑞安市国旗教育馆落成开馆,成为全国第一个综合性国旗教育基地,其大门上的"国旗教育馆"5个金色大字就是从曾联松生前的书信中挑选出来的。馆中还有一座专为国旗教育馆创作的曾联松雕塑,高2米。曾联松坐在书桌前,一手握着铅笔,一手拿着稿纸,仰望星空陷入沉思,栩栩如生。如今,曾联松的母校瑞安中学已在国旗教育馆设立了学生研学实践基地,让一代又一代的孩子了解曾联松先生的国旗设计历程,以追寻革命先辈的历史足迹,把爱国主义情怀和青春正能量永远地传递下去。

第五章 激动人心的开国大典

1949年10月1日下午3点，开国大典在天安门广场隆重举行。毛泽东庄严宣告："中华人民共和国中央人民政府今天成立了！"中国人民从此站立起来了！中国人民从此把命运牢牢掌握在自己手中，成为国家、社会和自己命运的主人！中华民族从此开启了新纪元！

焕然一新的天安门

1949年7月的北平骄阳似火，正如人们振奋热烈的心情。7月初，中共中央成立了以周恩来为主任，彭真、林伯渠、李维汉、聂荣臻等为副主任的开国大典筹备委员会（简称筹委会），商定了开国大典3项议程：一是中华人民共和国中央人民政府成立典礼；二是中国人民解放军阅兵仪式；三是人民群众游行活动。其中，阅兵地点选在哪儿，一直是筹委会举棋不定的事情。8月，聂荣臻等人提出了两种阅兵地点方案：

方案一是在天安门举行。在天安门的优点是：第一，领袖、军队、群众结合很好，场面雄壮热烈，庆祝意义及影响大；第二，

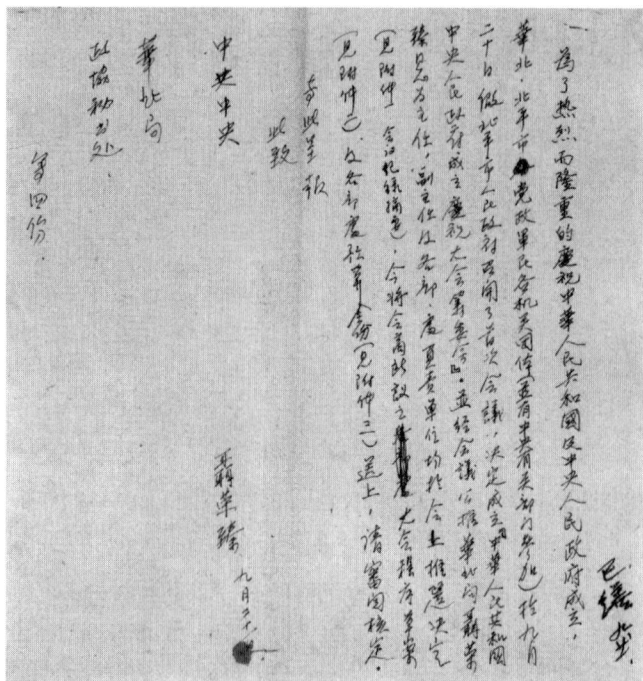

聂荣臻为庆祝大会筹委会成立事宜致中共中央、华北局、政协秘书处报告稿

利用天安门城楼当阅兵台，很宽阔，可容纳全体政协代表及陪阅人员等；第三，部队便于集中，阅兵后部队由东向西，继可向南向西迅速离开市区。但也有缺点：第一，天安门前路狭窄，部队只能横排行进，导致步兵八路纵队、骑兵三路纵队、装甲部队二路纵队不能按正规行分列式；第二，街市繁华，将会影响该处当日交通断绝4小时。

　　方案二是在西苑飞机场检阅及行分列式。这里的优点就是受地形限制影响较小，可行正规检阅及行分列式。但是缺点明显：第一，地区偏僻，群众不易参加，表现太单纯；第二，没有阅兵台，由于陪阅人员及代表多，必须搭两三个大而坚固的台子，工程较大，场面也不雄壮；第三，部队集中路程远，坦克远程赶来，机械燃热易生故障；第四，场面小（只能利用飞机滑道），较拥挤，且出场道路仅一条，离开机场耗时较长。

　　周恩来权衡两种方案后，于9月2日批示"日期在闭幕及政府成立之日。阅兵地点以天安门前为好。时间到时再定"，并将其意见转毛泽东、刘少奇、朱德。毛泽东、刘少奇、朱德3人均同意周恩来所定的大典地点，因此开国大典的日期初步定于中国人民政治协商会议闭幕后和中央人民政府成立的当天。随着时间的临近，开国大典的筹备工作也紧张而有序地进行着。

　　天安门是开国大典最重要的地方。然而，彼时的天安门城楼下的4个城门洞，因为多年关闭，阴霉异常严重，筹委会请北平市政府卫生局派人进行了消毒、除霉，保证城门洞的清洁。但城楼年久失修，遍体鳞伤、斑痕累累；城楼前的金水河河道淤塞，水面脏污腐臭；广场上由于连年战争，破败不堪，杂草丛生，一片杂乱凄凉的景象。想要在广场上举行盛大的开国大典就必须整修一番。叶剑英以北平市军管会主任的名义下令从驻北平的部队中抽调精干人员，抢修天安门城楼、广场和故宫部分房屋。北平市建设局迅速召集主要技术干部和工人，开动蒸汽压路机、筑路机昼夜奋战。北平市的机关干部、青年团员、工人们也积极响应，自带工具参加义务劳动。中国新民主主义青年团北平市筹备委员会和北平市学生联合会，发出9月10日下午组织4300名学生到天安门广场义务劳动的倡议。消息一公布，两天之内就有18000人报名，各校只好采取抽签的办法决定，最终参加义务劳动5700余人。

　　大家经过艰苦奋战，清除了天安门前、东、西3座门之间以及中华路全段所有的路面障碍物，填平了地面，开辟出了一个能够容纳16万人的大广场，方便群众集会使用；修葺了天安门城楼主席台，不仅清除了楼顶上的杂草和杂物，还粉刷了城楼和广场四周的红墙；在金水桥两旁搭起了指挥台和观礼台，并修建了一个升国旗的电动

北平市民积极参加整修天安门广场的义务劳动

旗杆。此外，还开展种树、种草等绿化工作，美化天安门附近的环境。

　　天安门城楼下的整修在夜以继日地开展的同时，城楼上的布置工作也在紧锣密鼓地进行中。负责此事的筹委会布置处对城楼进行了重新粉刷，还购置了开国大典所需的灯具、纸张。由于时间紧张，桌椅、地毯、屏风等布置物皆是从北平市各单位借用而来的。不过，光有这些东西还不够，会场的布置还要有合适的设计，展示出开国大典的隆重。这些工作交给了华北军区政治部文工团的舞美队来具体执行。舞美队接到任务后，立即到天安门进行实地测量，并连夜画了20幅布置天安门的设计草图。周恩来从草图中选定了在城楼装上8个大红灯笼、8面红旗的设计图，并对这幅设计图进行了局部修改。他抹去了在金水桥栏杆上扎满彩球的设计，要求只突出表现城楼，其他地方不要太花哨；大会会场的设计，一定要保持一种既喜庆欢乐又严肃庄重的气氛。

　　方案虽然定了，但制作灯笼成了难题。舞美队的其中几人整日在北平城里跑，到处打听哪儿能做灯笼。可是人家一听要做

天安门城楼上的大红灯笼样稿

那么大的灯笼，就都说"做不了"。眼看开国大典的时间越来越近了，几人终于想出一个点子：找一个扎灯艺人来帮忙，其余自己干！后来，在一位故宫管理人员的推荐下，他们终于找到了一位70多岁的扎灯老艺人。老艺人称他做了这么多年的灯笼也是头一次见到如此大胆的设计。于是几人又到天安门城楼上反复琢磨、比量，最后老艺人说："这么大的灯笼只能在城楼上做，否则抬不上去。"于是老艺人带着徒弟并找来木工做灯笼的圆托，舞美队的全体人员也都立刻行动起来，买来了绿竹、红布、黑钉、黄穗等材料。就这样，他们一直在城楼上连续几天几夜赶工，终于把灯笼做成了，几经周折把这8个大红灯笼安全地挂在了特定的位置上。

经过大家齐心协力的辛勤劳动，整个天安门广场已焕然一新。城楼顶上金碧辉煌，重檐正中悬挂着中华人民共和国中央人民政府成立典礼横幅，绘有吉祥如意图案的栋梁间悬挂8个写着"中华人民共和国中央人民政府成立纪念"字样的大红灯笼，插着8面巨幅红旗。城台有5个券形门洞，较大的中间门洞上悬挂着毛主席的巨幅画像，较小的左右门洞上分别挂着大型标语："中华人民共和国万岁！""中央人民政府万岁！"城楼外的金水河，5座汉白玉石桥横跨其上，桥外各有华表一座，石柱上雕刻着的层层云朵中盘绕着一条巨龙，跃然飞舞。整个天安门的布置与装饰，庄严、稳重、大方、典雅，既继承了中华传统礼节，又体现了新中国蒸蒸日上的现代活力。

制国旗、造旗杆

为规范国旗制作，周恩来指示胡乔木、梁思成和彭光涵3人在曾联松设计原稿附带的制法说明基础上，重写一个制作方法，让人一看说明就能制作标准国旗。为了保证全国国旗式样标准统一，政协主席团于1949年9月28日公布了《国旗制法说明》。9月29日《人民日报》刊发了新国旗的图样和制法说明，提供给社会各界制作使用。

此时，距离10月1日的开国大典只有两天时间了，可是开国大典上需要使用的一面特大的五星红旗还没有着落。中共北平市委将这个任务交给了位于东单煤渣胡同的国营永茂实业公司。

　　9月29日一大早，永茂实业公司业务科的宋树信就接到这个伟大又光荣的任务。那年宋树信29岁，接到这样的重任非常激动，也非常高兴。他向领导保证："我一定能完成任务。"可对于刚刚解放的北平来说，制作国旗却没那么容易。

　　当时，永茂实业公司为筹备开国大典已经做了几万面红旗，但是这面国旗不一样，它是特殊型号，长4.6米、宽3.38米，面料很简单：红色的绸子、黄色的缎子。可是当时北平的物资相对匮乏，红绸相对容易找到，但关键的黄缎却非常难找。宋树信找了很多商店，都没有找到黄缎。这让他非常着急，夜不能寐，心里想："党把这么重要的任务交给了我，国旗要是做不成，这是天大的事啊！"第二天一大早，宋树信骑着自行车敲响了瑞蚨祥的大门，这是当时全北平最大的绸布庄，他希望能在这里找到黄缎。他找到瑞蚨祥的掌柜，说明来意："我接到了上级一项光荣而伟大的任务，完成这个任务需要黄缎，想来看看咱们店有没有黄缎？"掌柜招呼他说："小伙子，别着急，你先坐下，我们慢慢找，想办法，一定要把这黄缎找到。"此时，天刚蒙蒙亮，掌柜把店里的店员都叫起来，让他们一起动手盘点库存。经过两个多小时的盘点，终于在地下库房里找到了一条约3米长、0.3米宽的黄缎，这条黄缎质量非常好。掌柜把仅有的这条黄缎交给了宋树信。宋树信如获至宝，一刻也不敢耽搁，卷起黄缎，跨上二八自行车直奔位于西单的新华缝纫社。

瑞蚨祥

　　但新的难题又出现了。宋树信把黄缎和红绸交给了新华缝纫社的技术员，技术员开始按照《国旗制法说明》制作国旗。进行到一半时，发现那条黄缎无论怎样比量，幅宽都偏小，不够做成国旗上最大的那颗星星，只能采用拼接的方式。于是，宋树信急忙骑着自行车返回单位，向单位领导如实汇报了情况，单位领导请示上级说明情况。经过层层请示，最终上级同意拼接方案：在大五星的一个角上接一个尖。

新中国成立前的最后一夜，在这间小小的新华缝纫社里，每个人都怀着崇高的使命感和强烈的责任感加班加点赶制国旗。为保险起见，他们连夜制作了两面五星红旗，五角星的一角，若不仔细看，难以发觉缝接的痕迹。宋树信仔细包裹好崭新的五星红旗，送到位于天安门广场北面西侧的开国典礼筹备处。如今，这面五星红旗收藏在中国国家博物馆内，那处特殊的红星尖仍然摆在那里，见证着那让人无比振奋的一天。

开国大典上升起的五星红旗

　　五星红旗有了，怎样顺利地升上去也是一个艰巨的任务。旗杆的制造是首要问题。开国大典前，在天安门城楼和正阳门之间修建一座旗杆是广场整修工程中的重要一环。这个重要任务由当时负责天安门广场整修工程的设计与施工的林治远承担。按照要求，旗杆的高度应与天安门城楼同样高。经实地测量，天安门城楼约有35米高，相当于11层楼左右的高度。这样高度的旗杆放在现在并不难修建，但是在当时却是一项几乎无法完成的任务。

　　新中国成立前，我国的工业基础十分薄弱，根本没有铸造过这么大件的物品，即便能拼凑出来，材质的硬度、韧性也都无法达标。林治远愁得昼夜难眠，他跑遍了周边的钢铁厂，但得到的回答只有"爱莫能助"。开国大典的日期迫在眉睫，他只能四处奔波打听，最后得知北平市自来水公司有一些水管可以代用。听闻消息的林治远大喜过望，立即跑了过去，可只找到4根直径不同、长短不等的无缝钢管，即使把这些管一节一节套起来，其总长度也仅是22.5米，达不到35米的要求。而且从材料性质来看，再高就不能保证稳定性了。情急之下，林治远只好将测量的结果汇报给天安门国庆工程指挥部。指挥部听了汇报，当场进行研究，还征求了有关方面的意见，虽然没有满足预定的高度，但是鉴于特定条件，最后还是通过了审议，确定国旗旗杆的高度为22.5米。这在当时足以称得上是国内最高的旗杆，但因没有达到最初的设想，成了一代人心中永远的遗憾。

虽然勉强有了旗杆，但任务并没有结束。筹委会领导同志来现场检查工作时提出："请毛主席在天安门城楼上亲自升旗。"不过，因为毛泽东要站在城楼上致辞，而旗杆距离城楼有近300米的距离，如果是致辞结束后再去升旗，势必会耽误许多时间，也容易发生一些意外。在这种情况下，只能选择远距离控制电动升旗，让毛主席在城楼上通过开关来控制升旗。这项任务具有挑战性，同样是交由林治远具体落实。林治远接到任务后，与有关技术人员一起研究自动升降的开关设施。他们设计出一个方案：国旗自动升降，升降速度与国歌演奏时间一致，国歌奏完后，国旗升到顶端并自动停止。但因为那时候全国几乎找不到懂电动升旗技术的人，林治远等人只能通过最简单的机械原理来设计升旗装置。他们用尽浑身解数，制作出了变阻器等元件，并在旗杆顶端焊接上金属球，用来充当阻断器。当旗子触碰到顶端的金属球时就会停止上升，升降设备也会随之断电，这就是初步定型的电动升降装置。同时，各有关单位分工合作开始铺设地下电缆。他们趁着长安街翻修，在地下埋入了钢管，让线路穿过长安街，跨过金水河，然后顺着天安门城楼东南角上升至城楼，与天安门城楼上安装的开关连接。为了确保万无一失，林治远特地要求额外铺设一条线路，一旦主线路出现意外，另一条线路就能立刻补上。另外，还设计了计时器，以此来控制升旗的时间和速度，保证国歌奏毕，国旗正好升顶并自动停止。

不过，实际的困难总是比预想的还多。在无数次的试验中，电动升旗总是遇到各种意外，不是比音乐快，就是比音乐慢，停在半空也是常事。就在开国大典前夜，为了确保第二天升旗万无一失，林治远和梁昌寿做最后一次升旗试验。然而没想到就在这时，升降开关又出了差错。旗子升顶，马达却没有停止，旗子被卷到了杆顶的滑轮里，退不下来。此时，安装旗杆的脚手架已全部拆除，人上不去，无法修理。有关负责人闻讯后马上赶到现场，理清故障原因后，迅速与消防队联系，请求火速支援。消防队运来了云梯，云梯升起后仍差几米才能够着旗杆顶，大家更加焦急了。见此情景，北平市建设局副局长赵鹏飞又找来能熟练搭棚的技术人员。他们来到旗杆下，毫不犹豫地穿上铁鞋，冒着生命危险从云梯顶爬到旗杆顶，把旗子取了下来。此时，聂荣臻和有关单位的负责人也到了现场，对故障进行了分析，并责成有关人员检查时一定要细致，每个环节都不能有疏漏。技术人员经过一番惊心动魄的抢修和反复试验，直到10月1日凌晨，才使旗杆的升降装置恢复正常，确认国旗升降设施没有任何问题后，众人都松了一口气。但为了防止意外，工程指挥部专门安排4名战士守候在旗杆下面当护旗卫士，若毛泽东按动电钮后国旗升到顶还不停，便立即切断电源。

升国旗、奏国歌

经过紧张的筹备,终于迎来了1949年10月1日——开国大典这一天。按照平日的作息,习惯夜里办公的毛泽东要睡到下午两三点钟。可当天下午1点,卫士就叫醒了毛泽东,一向简朴的他在这一天也穿上了新衣服、新鞋子。

下午2点,中央人民政府委员会第一次会议在中南海勤政殿举行,宣告中华人民共和国中央人民政府成立。中央人民政府主席毛泽东,副主席朱德、刘少奇、宋庆龄、李济深、张澜、高岗以及56位中央人民政府委员会委员宣誓就职。会议还选举了中央人民政府秘书长,通过了中央人民政府主要机关负责人的任命。

在这次会上，毛泽东宣读《中华人民共和国中央人民政府公告》，并向在座的各位委员征求意见。张治中委员强烈建议在公告中增加56位中央人民政府委员会委员的名字，以体现中央人民政府是真正实行新民主主义的联合政府。这56位委员中，党外各界著名代表人物占了27位，充分体现了中华人民共和国中央人民政府广泛的团结。

毛泽东对张治中提出的建议十分重视，当即委派刚刚就任中央人民政府秘书长、开国大典的主持人林伯渠去办。然而，在当时的技术条件下，在不到一个小时的时间里重印一份公告显然也是不可能完成的任务。林伯渠只好把这56位委员的名字写在一张小纸条上夹在公告里一起交给了毛泽东。

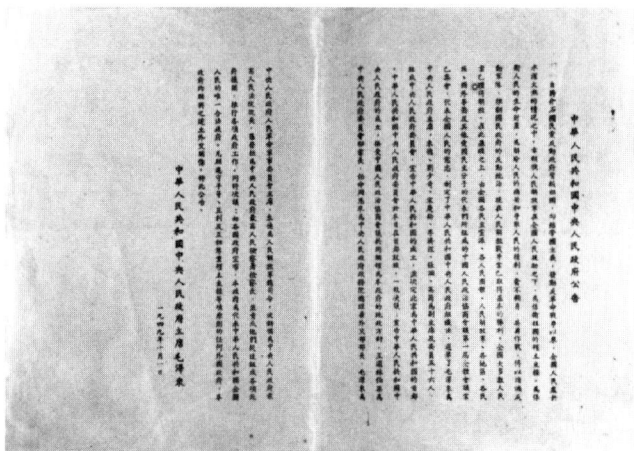

《中华人民共和国中央人民政府公告》第一版

会后,毛泽东和中央人民政府委员会全体委员分别乘车赶往天安门。此时的天安门广场早已聚集了首都各界群众30万人。北京的工人、农民、商人及部队、学校代表队从四面八方聚集而来,全场队列整齐,红旗飘扬,大家高唱着《没有共产党就没有新中国》《解放区的天是明朗的天》,歌声此起彼伏,响彻云霄。

在声浪中,毛泽东和其他领导人的车队缓缓而行,直接开到天安门城楼下。毛泽东笑着说:"我们打了几十年的疲劳战,打出来了一个中华人民共和国。"伴随着《东方红》的旋律,毛泽东同全体委员沿着城楼西侧的古砖梯道拾级而上。当《东方红》演奏完3遍时,毛泽东一行人刚好来到主席台前。广播员通过扩音器宣布:"毛主席来啦!毛主席健步登上了天安门城楼!"此时,人群一阵欢腾,此起彼伏的欢呼声响起。

时针指向下午3点,激动人心的时刻到了!扩音器里传出大会的声音:"请全体起立,请中央人民政府秘书长林伯渠宣布开会。"林伯渠秘书长宣布:"中华人民共和国中央人民政府成立典礼正式开始!"毛泽东走到扩音器前,以洪亮而又浓重的湖南乡音向全国、向全世界宣告:"中华人民共和国中央人民政府今天成立了!"这庄严的宣告,使参加盛典的30万群众一齐欢呼起来。欢呼声响彻云霄,传遍中华大地。

随后,毛泽东亲自按下升旗电钮,广场中央旗杆上这面鲜艳的五星红旗,像一轮朝阳冉冉升起,将开国大典伟大、庄严、团结的气氛推向高潮。雄壮豪迈的《义勇军进行曲》响彻天安门广场，扣人心弦。天安门东侧的108门礼炮分两组，每组54门，象征政协的54个单位，各礼炮齐放28响，以示中国共产党成立至建立新中国整整经过了28年，炮声隆隆，震天动地。一时间，天安门广场上乐曲声、炮鸣声、人群沸腾声，声声不绝。人们眼中噙着激动的泪花，手里握着小红旗，挥舞着、摇动着，心情澎湃不能自已。

第一面五星红旗在天安门广场升起

参加典礼的政协代表王昆仑回忆说:"在雄壮的《义勇军进行曲》代国歌声中,毛主席亲手把第一面五星红旗升了起来。中华人民共和国诞生了!中国人从此站立起来了!"[1]

是啊!中华人民共和国成立了!这是中国有史以来最伟大的事件。宋庆龄女士曾十分感慨地写道:"在我看来,自从1949年10月1日——这具有历史意义的日子以来,中国最伟大的转变就是我们的国号中有史以来第一次有了'人民'这两个字。这两个字不是为了装饰点缀,它的重要意义在于同样有史以来第一次表明我们政府巨大力量之所在——人民。"[2]

什么是人民?什么是民主?什么是共和?开国大典为我们呈现了一场别开生面而又意义深远的演示。也是从那时起,在国内,结束了极少数剥削者统治和压迫广大劳动人民的历史,结束了帝国主义、殖民主义奴役和压迫中国人民的历史,劳动人民成了新中国的主人,从根本上改变了中国历史发展的方向,开辟了社会主义革命和建设的新时期;在国际上,冲破了帝国主义的东方战线,极大地改变了世界政治力量的对比,成为第二次世界大战后国际上最重大的事件,为民族解放运动树立了光辉的榜样。历经五千年沧桑的中国,终于在这一天见证了历史的巨变!

---

[1] 王昆仑:《宋庆龄——毕生为新中国奋斗的忠诚战士》,《人民日报》1981年6月3日第4版。

[2] 宋庆龄:《宋庆龄选集》上卷,人民出版社,1992年,第573页。

欢庆的海洋

升国旗之后是两个多小时的阅兵仪式。伴随着雄壮的军乐，海军、陆军一一亮相，受阅空军也在天安门上空越过。一时间，欢呼声、鼓掌声，机器的轰鸣声响彻天际。阅兵后，天色已渐染微红，灯光齐明。天安门上灯火辉煌，上面是红色，下面是蓝色。前门两旁的建筑物上火树银花，西交民巷银行的建筑物上、东西邮局的屋顶上到处是国旗、红旗、小彩旗，无比壮观，煞是好看。广场四周无数礼花升空，在天空中散作灿烂的光，照亮天安门上空，也照亮每个人幸福的脸庞。漫天飞舞的横幅旗帜，激昂热烈的人群，欢呼雀跃的气氛，整个首都都沉浸在这场狂欢里。

阅兵仪式后，群众游行队伍开始走向天安门接受毛泽东等领导人的检阅。参与群众游行的队伍由北京市各区组织，主要包括城内12个区以及城郊6个区的工人群众，游行队伍人数在15000人至16200人。每个区都自行制作了红旗，上面用黄字或者白字写着"中华人民共和国中央人民政府成立庆祝大会"字样及单位名称。因为群众游行在夜间举行，各区群众还自行准备了灯笼，有红的、绿的、紫的，都是跟庆典气氛相融洽的颜色。

为了统一口号，筹委会在庆祝大会之前制定了30条口号，包括"庆祝中华人民共和国成立""庆祝中央人民政府成立""拥护中央人民政府""拥护共同纲领""拥护人民民主统一战线""消灭一切国民党残余匪帮""统一全中国""打倒帝国主义""打倒封建主义""打倒官僚资本主义""联合世界上以平等待我之民族""拥护世界民族解放运动""中国人民大团结万岁""中国共产党万岁""毛主席万岁""中华人民共和国万岁"等。

群众游行队伍像无数条欢腾飞舞的巨龙，在红灯照亮的各条街道中向前游动。在欢呼中，群众游行队伍走向天安门，毛泽东等领导人在天安门城楼不断向群众挥手致意。据参加游行的老人回忆，"毛主席不戴帽子，挥着大手，我们

中国人民解放军步兵部队通过天安门广场

跳起来高呼'毛主席万岁！'"，"毛主席在天安门城楼栏杆边探出身子，一再向我们挥手，在扩音器前高呼'同志们万岁！'"。阵阵声浪环绕着古老的北京城，欢庆的气氛彻夜不散。在这场全民的狂欢中，伟大的祖国开始走向繁荣昌盛！

人民政权的建立

开国大典之后，中国人民政治协商会议协同中央人民政府委员会，立即开始研究和确定中央人民政府政务院的负责人员，尽快建立中央人民政府的机构。1949年10月19日，中央人民政府举行第三次会议，讨论通过了政务院及其所属各委员会，各部、会、

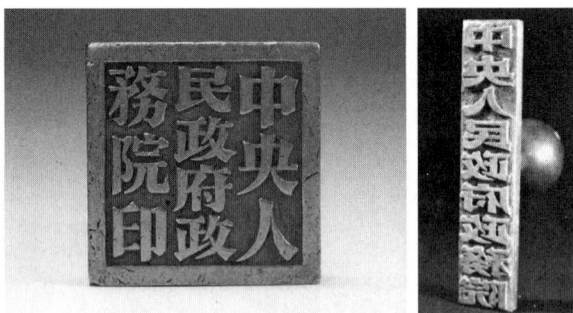

中央人民政府政务院印章

院、署、行的负责人，同时任命了人民革命军事委员会、最高人民法院、最高人民检察署和中央人民政府办公厅等机构负责人。至此，中央人民政府的全部组织机构建立起来了。

10月21日，周恩来主持召开政务院第一次会议，中央人民政府政务院宣告成立。周恩来总理在会上报告了各部门的组织问题，并责令迅速筹建各机构，至11月1日，政务院各部、委、院、署、行等机构全部正式开始办公，完成了国家行政机构的组建任务。这是一种中国历史上完全新型的国家机构，它代表了全国人民的利益，是为全中国人民服务的政权机关。正如毛泽东同志指出的，"这个政府将遵照共同纲领在全中国境内实施人民民主专政。它将指挥人民解放军将革命战争进行到底，消灭残余敌军，解放全国领土，完成统一中国的伟大事业。它将领导全国人民克服一切困难，进行大规模的经济建设和文化建设，扫除旧中国所留下来的贫困和愚昧，逐步地改善人民的物质生活和提高人民的文化生活。它将保卫人民的利益，镇压一切反革命分子的阴谋活动。它将加强人民的陆海空军，巩固国防，保卫领土主权完整，反对任何帝国主义国家的侵略。它将联合一切爱好和平自由的国家、民族和人民，首先是联合苏联和各新民主国家，以为自己的盟友，共同反对帝国主义者挑拨战争的阴谋，争取世界的持久和平"①。

---

① 中共中央文献研究室编《建国以来毛泽东文稿》第一册，中央文献出版社，1987，第11页。

中央人民政府成立以后，着力开展地方的民主建政工作。《共同纲领》对此有过明确的规定，"中国人民民主专政是中国工人阶级、农民阶级、小资产阶级、民族资产阶级及其他爱国民主分子的人民民主统一战线的政权"。本着这个基本精神，在保证工人阶级领导的前提下，中央人民政府注意大量吸收民主人士参加地方各级政权的建设工作。

为了使刚刚建立的政务院机构能够顺利地运转起来，政务会议成为其中的一个关键环节。从1949年10月21日举行第一次会议到1950年10月20日举行第五十五次会议，政务院的重要决策和人事任免都在这个会议上讨论通过，政务会议成为政务院听取各方面意见、集思广益地制定政策的重要方式。当时的政务委员罗隆基对政务会议的看法就很具代表性，他说："不论我怎么忙，身体怎么不好，总要参加。这是为什么呢？不是政务会议上的什么事情我都有兴趣，也不是这个人那个人的讲话我都喜欢听，而是有一点深深地吸引了我，那就是在每次政务会议上，周总理总有一篇讲话，得到的教益很深很深，对我就像是上了一次大课，所以我舍不得不来。"①

政务院的机构建立起来以后，接下来要做的工作就是要进一步健全各级地方人民政府的机构。1949年12月，中央人民政府委员

---

① 孙起孟：《罗隆基眼里的政务会议》，《人民日报》1994年5月25日。

会召开第四次会议，讨论通过了省、市、县《各界人民代表会议组织通则》。这次会议还通过了《关于中华人民共和国国庆日的决议》，决定每年10月1日为中华人民共和国国庆日。

该通则规定了各界人民代表会议的组成、任期和职权等。在新中国成立初期，各界人民代表会议是当时实现人民民主专政的一种最合时宜的组织形式，也是民主建政的主要形式。此后，在中国共产党的领导下，全国的民主建政工作进展顺利，到1950年10月，全国已经建立了1个大行政区人民政府、1个中央直辖的自治区人民政府、4个大行政区军政委员会、28个省人民政府、9个相当于省的行政区人民行政公署、12个中央和大行政区直辖的市人民政府、67个省辖的市人民政府、2087个县人民政府。中国人民第一次真正获得了当家作主的神圣权利。

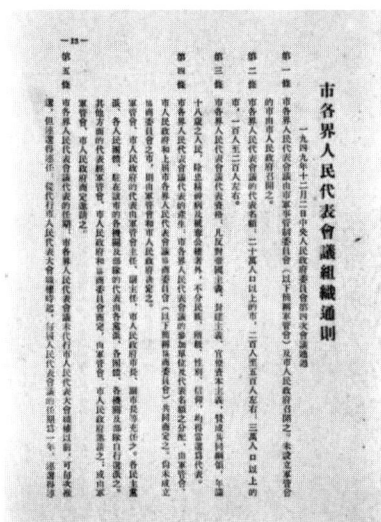

《市各界人民代表会议组织通则》

新民主主义革命胜利后，中国共产党还要继续领导人民在建设新中国的过程中把马克思列宁主义基本原理同中国具体实际相结合，走更长更艰辛的道路。正如毛泽东同志在回顾过去的革命斗争时所说的，"党的二十八年是一个长时期，我们仅仅做了一件事，这就是取得了革命战争的基本胜利。这是值得庆祝的，因为这是人民的胜利，因为这是在中国这样一个大国的胜利。但是我们的事情还很多，比如走路，过去的工作只不过是像万里长征走完了第一步"①。

---

① 毛泽东:《毛泽东选集》第四卷，人民出版社，1991，第1480页。

尾章

五星红旗永远飘扬

「五星红旗迎风飘扬，胜利歌声多么响亮，歌唱我们亲爱的祖国，从今走向繁荣富强」，这首祖国颂歌，亿万中华儿女早已耳熟能详。五星红旗也早已成为我们伟大祖国的象征，飘扬在天地之间，见证着祖国的山川壮丽、盛世繁华。在伟大复兴的壮阔道路上，全国各族人民同心同德、艰苦奋斗，一次又一次地升起五星红旗，书写着一个又一个壮丽的篇章。

邮票上的五星红旗

1950年，邮电部发行《中华人民共和国开国纪念》邮票，全套4枚，图案相同。图案描绘了新中国开国典礼阅兵式的热烈场景。鲜红的五星红旗凌空飘扬，既使画面具有一种生机勃勃的动感，又表现了中国人民站立起来的自豪之情；雄伟的天安门城楼上悬挂着毛泽东画像，画像两侧分别悬挂着"中华人民共和国万岁"和"全世界人民大团结万岁"横幅标语，红旗招展，洋溢着节日的喜庆气氛；中国人民解放军的坦克装甲部队正威武地通过天安门前，人民空军的一组飞机飞过天安门上空；毛主席微笑着，豪迈地望着旭日东升般的新中国，正在规划着社会主义建设的美好蓝图。

《中华人民共和国开国纪念》邮票

中国人民志愿军宣誓签字的五星红旗

　　1950 年，朝鲜战争爆发后，美国公然武装干涉朝鲜内战并将战火烧到中朝边境，同时派遣美国海军第七舰队入侵台湾海峡。中国政府应朝鲜劳动党和政府的请求，作出抗美援朝、保家卫国的决策。

　　在波澜壮阔的抗美援朝战争中，英雄的中国人民志愿军锻造了伟大抗美援朝精神，使五星红旗在保家卫国的战场上迎风飘扬。这是1953 年 6 月 8 日，中国人民志愿军第三八八团一营一连指战员参加抗美援朝战争时宣誓签名的五星红旗，长 1.03 米、宽 0.72 米，现藏于中国国家博物馆。

　　在这面五星红旗上，可以看到这样的誓词："我们是祖国人民的优秀儿女，我们是毛主席的好战士。""我们不怕任何困难、不惧一切艰险。""为创造更高的国际荣誉而胜利前进！"

中国人民志愿军宣誓签字的五星红旗

和平解放西藏签字仪式上的五星红旗

　　近代以后，西方帝国主义一直觊觎我国西藏，在西藏培植和扶持分裂势力。新中国成立后，西藏地方政府少数上层分裂主义分子在帝国主义势力的挑唆、策动下，企图将西藏从祖国大陆分离出去。党中央为此确定了绝不容许任何外国势力分割西藏的坚定不移的方针，同西藏上层分裂势力进行了军事和政治紧密配合的斗争。1951年5月，中央人民政府同西藏地方政府签署《关于和平解放西藏办法的协议》（简称"十七条协议"）。值得一提的是，这次签字仪式得到了五星红旗的见证。

　　1951年10月，人民解放军进驻拉萨，西藏获得和平解放，粉碎了帝国主义及西藏少数分裂分子制造"西藏独立"的图谋。

《关于和平解放西藏办法的协议》签字仪式上的五星红旗

珠穆朗玛峰上的五星红旗

1960年2月，来自全国各地各行业的200多人集聚西藏，从零开始，正式组建中国珠穆朗玛峰登山队。在路上，迎接他们的是烈风、暴雪，缺氧、冻伤，甚至是牺牲，每一步都是对登山队队员身体和意志的极度考验。"不畏艰险、顽强拼搏、团结协作、勇攀高峰"，成为几代登山运动员用热血和生命凝结成的信念。

5月25日凌晨4点20分，经历寒冷、饥渴甚至生死考验后，登山队队长王富洲与贡布、屈银华从珠穆朗玛峰北坡登顶，完成了人类历史上第一次从北坡登上珠穆朗玛峰的壮举，五星红旗终于展开在世界之巅。

此后，中国的登山队员们每次成功登顶，都会将一面五星红旗骄傲地展示在雪峰之巅。蓝天白云之下，皑皑雪峰之巅，鲜艳的五星红旗猎猎飘扬，那一刻，是中华儿女最大的骄傲和自豪！

五星红旗飘扬在珠穆朗玛峰

联合国总部升起的第一面五星红旗

新中国成立后，我们党始终坚持独立自主的和平外交政策。20世纪70年代初，经过第二次世界大战后20多年的发展，国际形势发生了重大变化，新的国际格局初露端倪，这为中国外交战略的转变提供了机遇。1971年10月25日，第二十六届联合国大会以压倒性多数通过2758号决议，恢复中华人民共和国在联合国的一切合法权利，并立即把台湾国民党当局的代表从联合国的一切机构中驱逐出去。11月1日，中华人民共和国的国旗——五星红旗第一次在联合国升起，这是中国外交的一个重大胜利。从此，中国作为联合国安全理事会常任理事国，在联合国组织内为实现联合国宪章的宗旨、维护世界和平、加强各国友好合作、促进人类进步事业作出自己不懈的努力。

五星红旗第一次在联合国总部升起

南极洲升起的第一面五星红旗

　　南极和北极这两块常年被冰雪封锁的极寒之地，是影响全球气候变化的重要地区，也是开展气象、陆地、海洋、生物等科学研究的天然实验室。1984年，中国南极考察委员会派出第一支中国南极考察队，共591人，于11月26日抵达南极，27日登上南设得兰群岛的乔治岛。11月30日，考察队在乔治岛举行中国在南极建立的第一个科学考察站——长城站奠基典礼，中国人第一次亲手在南极升起五星红旗！这面五星红旗长1.45米、宽1.22米，被风吹得有些残破，现藏于中国国家博物馆。

　　1985年2月20日上午，长城站落成典礼在大雪纷飞中举行。南极乔治岛银装素裹，中国长城站的橘红色主体建筑物上彩旗飘扬，南极考察队队员和参加长城站建设的其他人员分别乘着小艇和直升飞机来到了长城站。五星红旗在庄严的国歌声中徐徐升起，永久地飘扬在南极洲上空。

中国南极考察队带回的曾在南极洲升起的第一面五星红旗

一面特殊的五星红旗

　　一代又一代的升旗接力，赓续着中华人民共和国的红色基因。图中所示的是一面特殊的五星红旗，它的主人是天津市民杨琪君，在新中国成立之初曾在天津河西区担任妇女主任。这面五星红旗，就是她买来红、黄两色棉布缝制而成的。自新中国成立之初，每逢"五一""十一"等重大节日，杨琪君就把这面五星红旗挂在自家门口，就这样一直挂了几十年。2000年，年逾八十的杨琪君老人已无法亲手把这面悬挂几十年的五星红旗送到中国国家博物馆，就让女儿替她捐赠。杨琪君的女儿告诉工作人员，"这是母亲最大的一个心愿"。这面五星红旗长0.938米、宽0.622米，现藏于中国国家博物馆。

天津市民杨琪君缝制的五星红旗

开山岛上的五星红旗

在连云港市灌云县黄海区域，有一座小岛名为"开山岛"。王继才从1986年起开始在这里驻守，直到2018年倒在了开山岛的石阶上，一守就是32年。每当晨光微曦，王继才和妻子王仕花面朝大海，升起五星红旗。"敬礼！"王继才展开旗面，五星红旗在他手中冉冉升起，王仕花应声敬礼。没有国歌伴奏、没有观众，唯有两颗热爱祖国的心。日复一日，从无间歇，鲜艳的五星红旗迎风飘扬在开山岛上空，在茫茫的大海上犹如一盏耀眼的明灯照亮着往来的渔船。渔民们每次出海归来，远远地看到开山岛上的五星红旗就无比安心，那是来自回家的踏实感，也是来自祖国的安全感。

"只有看着国旗在海风中飘展，我才觉着这个岛是有颜色的。"这是王继才生前常说的一句话，中国红也是他最喜爱的颜色。这面五星红旗长1.95米、宽1.2米，目前收藏在中国国家博物馆。

王继才夫妇在开山岛上升起的五星红旗

庆祝中国共产党成立100周年大会上的红旗（编号100）

　　百年恰是风华正茂，百年仍需风雨兼程。从建党的开天辟地，到新中国成立的改天换地，到改革开放的翻天覆地，我们走过千山万水，创造了足以让中国人民引以为豪的辉煌历史。在全面建设社会主义现代化国家新征程上，我们要紧密团结在以习近平同志为核心的党中央周围，以习近平新时代中国特色社会主义思想为指导，高举中国特色社会主义伟大旗帜，不忘初心、牢记使命，增强"四个意识"、坚定"四个自信"、做到"两个维护"，全面贯彻党的基本理论、基本路线、基本方略，迎难而上，开拓进取，为实现第二个百年奋斗目标、实现中华民族伟大复兴的中国梦而不懈奋斗！

　　2021年7月1日上午，庆祝中国共产党成立100周年大会在北京天安门广场隆重举行。这是竖立在天安门广场上的编号"100"的红旗，长5米、宽3.3米，现藏于中国国家博物馆。

庆祝中国共产党成立100周年大会上的红旗（编号100）

　　2013 年 12 月 15 日，北京航天飞行控制中心的大屏幕上显示出"玉兔"号月球车的清晰图像，一面五星红旗鲜艳夺目，这是五星红旗在地外天体上的第一次"留影"；2020 年 10 月 17 日，十三届全国人大常委会第二十二次会议作出关于修改《中华人民共和国国旗法》的决定；2021 年 7 月 1 日，庆祝中国共产党成立 100 周年大会在北京天安门广场隆重举行，五星红旗冉冉升起；2023 年 10 月 1 日，30 多万民众齐聚天安门广场，共同见证五星红旗升起的庄严时刻，庆祝中华人民共和国成立 74 周年；2024 年 6 月 3 日，嫦娥六号着陆器携带的五星红旗在月球背面成功展开，这是中国首次在月球背面独立动态展示五星红旗；北京时间 2024 年 7 月 27 日，第 33 届夏季奥林匹克运动会在法国巴黎开幕，中国奥运健儿们以卓越表现闪耀赛场，一面面五星红旗在世人瞩目下升起……

　　每一年，每一月，每一日，五星红旗的故事仍在继续……

参考书目

［1］毛泽东：《毛泽东选集》第四卷，人民出版社，1991年。

［2］毛泽东：《毛泽东文集》第五卷，人民出版社，1996年。

［3］中共中央文献研究室编《毛泽东年谱（1893—1949）（修订本）》下卷，中央文献出版社，2013年。

［4］中共中央文献研究室编《毛泽东书信选集》，中央文献出版社，2003年。

［5］中共中央文献研究室编《周恩来年谱（1898～1949）》，中央文献出版社，2007年。

［6］中共中央文献研究室、中央档案馆编《建国以来周恩来文稿（一九四九年六月——一九四九年十二月）》第一册，中央文献出版社，2008年。

［7］中共中央文献研究室、中央档案馆编《建国以来刘少奇文稿（一九四九年七月——一九五〇年三月）》第一册，中央文献出版社，2005年。

［8］刘少奇：《刘少奇选集》上卷，人民出版社，1981年。

［9］胡乔木：《胡乔木回忆毛泽东（增订本）》，人民出版社，2003年。

［10］中共中央文献研究室、中央档案馆编《建党以来重要文献选编（一九二一——一九四九）》第二十六册，中央文献出版社，2011年。

［11］中央档案馆编《中华人民共和国国旗、国徽、国歌档案（上）》，中国文史出版社，2014年。

［12］中国第二历史档案馆编《开国盛典1949：中国第二历史档案馆馆藏开国大典档案》，国家图书馆出版社，2019年。

［13］中央档案馆编《中共中央文件选集（一九四九）》第十八册，中共中央党校出版社，1992年。

［14］王庚南编著《中国的国旗、国徽和国歌》，人民出版社，1987年。

［15］政协全国委员会办公厅编《开国盛典：中华人民共和国诞生重要文献资料汇编（上）》，中国文史出版社，2009年。

［16］杨成武：《杨成武回忆录（下）》，解放军出版社，1990年。

［17］聂力：《山高水长——回忆父亲聂荣臻》，上海文艺出版社，2006年。

[18]《中央人民政府成立盛典今日在首都隆重举行》,《人民日报》1949年10月1日第1版。

[19]《首都三十万人齐集天安门广场隆重举行庆祝典礼》,《人民日报》1949年10月2日第1版。

[20] 王昆仑:《宋庆龄——毕生为新中国奋斗的忠诚战士》,《人民日报》1981年6月3日第4版。

[21] 政协瑞安市文史资料委员会编《瑞安文史资料第20辑国旗设计者曾联松》,2001年。

[22]《关于开国大典的几篇文献资料》,《中共党史资料》2009年第3期。

[23] 曾联松:《我是怎样设计五星红旗的》,《瞭望》1984年第40期。

[24] 陈知堂:《曾联松与五星红旗》,《文史春秋》2012年第10期。

[25] 钱听涛:《亲历开国大典日记》,《广东党史》1999年第5期。

[26] 杨成武:《开国大典阅兵式》,《文史精华》1999年第10期。

[27] 季如迅、陈禹：《为了第一面五星红旗升起》，《档案春秋》2019年第10期。

[28] 刘守华：《国旗诞生的100天》，《百年潮》2012年第8期。

[29] 黄邦和：《采访第一届全国政协讨论国旗、国歌、国号议案的回忆》，《武汉文史资料》2005年第1期。

[30] 殷冬水、王灏淼：《缔造国家象征——新中国国旗征选的政治逻辑》，《社会主义研究》2017年第2期。

[31] 贺怀锴、贺雪娇：《开国大典的筹备、举行及后续工作》，《党的文献》2021年第1期。

[32] 靳潇飒：《万众欢腾其乐融　神州大地舞春风——一份见证开国大典的历史档案》，《北京档案》2019年第11期。